EL **ABC** DE LOS SISTEMAS INFORMÁTICOS: FUNDAMENTOS Y APLICACIONES

Miguel Ángel Torres Pardo

© Miguel Ángel Torres Pardo

© Derechos de edición:
Nau Llibres
Periodista Badía 10. 46010 Valencia. Tel.: 96 360 33 36
E-mail: nau@naullibres.com - web: www.naullibres.com

Diseño de portada e interiores: Ilustración de cubierta:
Artes Digitales Nau Llibres   @nmedia

Imágenes e ilustraciones:
Pág. 15 @scanrail   Pág. 111 @everythingposs
Pág. 25 @.shock   Pág. 119 @EstebanMartinena
Pág. 37 @scanrail   Pág. 131 @bluebay2014
Pág. 47 @EdZbarzhyvetsky   Pág. 149 @vschlichting
Pág. 59 @baloon111   Pág. 161 @Wirestock
Pág. 75 @Primakov   Pág. 173 @oselote
Pág. 103 @bilalulker   Pág. 183 @Rawpixel

Imprime:
Podiprint. Impreso en España. Printed in Spain.

ISBN13: 978-84-19755-51-3

Depósito Legal: V- 586 - 2025

"Tempora mutantur, et nos mutamur in illis"
Los tiempos cambian, y nosotros cambiamos con ellos

Índice

Prólogo

Este libro es mi primera publicación y espero que el punto de partida para adentrarme en el apasionante mundo de los libros. Como técnico superior en administración de sistemas informáticos e ingeniero en informática de sistemas con más de 15 años de experiencia en el mundo tecnológico laboral tanto en pequeñas empresas como en gigantes multinacionales considero que tengo el suficiente conocimiento como para divulgarlo tanto mi labor de profesor en secundaria y formación profesional como en una serie de futuras publicaciones.

En la era digital, los sistemas informáticos se han convertido en el pilar fundamental que sostiene nuestras vidas cotidianas, negocios y sociedades. Desde la gestión de información crítica en hospitales hasta las transacciones financieras que impulsan la economía global, estos sistemas operan silenciosamente detrás de escena, garantizando que todo funcione sin problemas. Sin embargo, detrás de esta aparente simplicidad se encuentra una compleja y fascinante arquitectura de hardware, software, redes y protocolos, diseñada para resolver problemas, procesar datos y brindar soluciones eficientes.

Este libro se propone desmitificar el vasto mundo de los sistemas informáticos, brindando una guía comprensible tanto para estudiantes que se inician en la informática como para profesionales que buscan profundizar sus conocimientos. A lo largo de estas páginas, exploraremos los fundamentos de la computación, el diseño de sistemas operativos, las redes de comunicación y la ciberseguridad. Además, analizaremos las tendencias emergentes que están redefiniendo el campo, como la inteligencia artificial, el almacenamiento en la nube y el Internet de las Cosas (IoT).

Acompañados de ejemplos prácticos y estudios de caso del mundo real, invitamos al lector a descubrir cómo los sistemas informáticos no solo resuelven problemas técnicos, sino que también transforman la forma en que interactuamos con el mundo. Este viaje a través de la tecnología revela no solo el ingenio humano detrás de cada innovación, sino también las infinitas posibilidades que el futuro depara.

Introducción

1. Concepto de sistemas informáticos

Un sistema informático es un conjunto interconectado de componentes que trabajan juntos para procesar, almacenar y comunicar información. Estos componentes incluyen hardware, software, datos, usuarios y procedimientos. El hardware se refiere a los elementos físicos del sistema, como las computadoras, servidores, dispositivos de almacenamiento y periféricos. El software abarca los programas y aplicaciones que gestionan y controlan el hardware, permitiendo la ejecución de tareas específicas. Los datos son la información que se procesa y almacena, mientras que los usuarios interactúan con el sistema para realizar diversas actividades. Los procedimientos son las reglas y métodos utilizados para operar y mantener el sistema.

2. Importancia de los sistemas informáticos

Los sistemas informáticos son fundamentales en la sociedad moderna debido a su capacidad para mejorar la eficiencia, productividad y comunicación en diversas áreas. En el ámbito empresarial, permiten la automatización de procesos, la gestión de grandes volúmenes de información y la toma de decisiones basadas en datos. En la educación, facilitan el acceso a recursos educativos y herramientas de aprendizaje. En el sector público, mejoran la prestación de servicios y la gestión administrativa. Además, son esenciales en campos como la salud, la investigación científica, el entretenimiento y la comunicación personal.

3. Evolución histórica de los sistemas informáticos

La evolución de los sistemas informáticos ha sido rápida y significativa desde sus inicios. Los primeros sistemas informáticos surgieron en la década de 1940, con máquinas como la ENIAC, que eran voluminosas y requerían una gran cantidad de energía para operar. En las décadas siguientes, la invención del transistor y el desarrollo de los circuitos integrados permitieron la creación de computadoras más pequeñas, eficientes y accesibles.

En la década de 1980, la aparición de las microcomputadoras y las computadoras personales revolucionó el acceso a la tecnología informática, permitiendo a individuos y pequeñas empresas beneficiarse de las capacidades computacionales. La evolución continuó con el desarrollo de redes de área local (LAN) y la expansión de Internet en la década de 1990, que transformaron la manera en que las personas y las organizaciones se comunicaban e intercambiaban información.

En el siglo XXI, los avances en la tecnología móvil, la computación en la nube, el Big Data y la inteligencia artificial han llevado a una nueva era de sistemas informáticos, caracterizada por la ubicuidad, la conectividad y la capacidad de procesamiento avanzada. Hoy en día, los sistemas informáticos están presentes en casi todos los aspectos de la vida diaria, desde los dispositivos móviles hasta las infraestructuras críticas, como las redes eléctricas y los sistemas de transporte.

4. Componentes de un sistema informático

Un sistema informático está compuesto por varios elementos esenciales, cada uno de los cuales desempeña un papel crucial en el funcionamiento general del sistema.

Hardware

El hardware es la base física de cualquier sistema informático. Incluye:

1. Unidad Central de Procesamiento (CPU): Es el "cerebro" de la computadora, responsable de ejecutar instrucciones y procesar datos.

2. Memoria: Incluye la memoria RAM (Random Access Memory), que almacena datos temporales, y la memoria ROM (Read-Only Memory), que almacena instrucciones permanentes.

3. Dispositivos de almacenamiento: Como discos duros, unidades de estado sólido (SSD), y dispositivos de almacenamiento externo (USB, discos ópticos).

4. Periféricos de entrada y salida: Dispositivos que permiten la interacción del usuario con el sistema, como teclados, ratones, monitores, impresoras y escáneres.

5. Componentes de red: Incluyen tarjetas de red, routers, switches y cables que permiten la conexión y comunicación entre diferentes sistemas informáticos.

Software

El software es el conjunto de instrucciones que le dice al hardware qué hacer. Se divide en:

- Software de sistema: Incluye los sistemas operativos (Windows, macOS, Linux), que gestionan el hardware y proporcionan servicios básicos a otras aplicaciones.
- Software de aplicación: Programas que permiten a los usuarios realizar tareas específicas, como procesadores de texto, hojas de cálculo, navegadores web y software de diseño gráfico.
- Software de desarrollo: Herramientas que los programadores usan para crear nuevos programas y aplicaciones, como lenguajes de programación, entornos de desarrollo integrado (IDE) y sistemas de gestión de bases de datos.

Datos

Los datos son la información procesada y almacenada por un sistema informático. Pueden ser:

- Datos estructurados: Organizados en formatos predefinidos, como bases de datos relacionales.
- Datos no estructurados: Información sin un formato específico, como correos electrónicos, documentos de texto y archivos multimedia.
- Big Data: Conjuntos de datos extremadamente grandes y complejos que requieren herramientas avanzadas para su análisis y procesamiento.

 Usuarios

Los usuarios son las personas que interactúan con el sistema informático. Pueden ser:

- Usuarios finales: Personas que utilizan el sistema para realizar tareas diarias, como empleados de oficina, estudiantes y profesionales de diversas áreas.
- Administradores de sistemas: Encargados de gestionar, mantener y asegurar el correcto funcionamiento del sistema informático.
- Desarrolladores de software: Profesionales que crean y mantienen las aplicaciones y el software del sistema.

Procedimientos

Los procedimientos son las políticas, normas y métodos que regulan el uso y mantenimiento de los sistemas informáticos. Incluyen:

- Políticas de seguridad: Normas para proteger la información y los recursos del sistema contra accesos no autorizados y ciberataques.
- Procedimientos de mantenimiento: Instrucciones para el mantenimiento preventivo y correctivo del hardware y el software.
- Guías de usuario: Documentación que ayuda a los usuarios a utilizar eficazmente el sistema y sus aplicaciones.

5. Clasificación de los sistemas informáticos

Los sistemas informáticos se pueden clasificar de diversas maneras según su tamaño, funcionalidad y ámbito de aplicación:

- Sistemas personales: Computadoras de escritorio y portátiles utilizadas por individuos para tareas personales y profesionales.

- Sistemas empresariales: Infraestructura de TI utilizada por organizaciones para gestionar sus operaciones y procesos de negocio. Incluyen servidores, sistemas de almacenamiento en red y aplicaciones empresariales.

- Sistemas embebidos: Computadoras integradas en dispositivos específicos para realizar funciones dedicadas, como en electrodomésticos, automóviles y dispositivos médicos.

- Sistemas distribuidos: Conjunto de computadoras interconectadas que trabajan juntas para resolver problemas o proporcionar servicios, como en la computación en la nube.

- Sistemas de tiempo real: Diseñados para procesar datos en tiempo real, utilizados en aplicaciones críticas como el control de tráfico aéreo y sistemas industriales de control.

6. Tendencias actuales en los sistemas informáticos

La tecnología de los sistemas informáticos sigue evolucionando rápidamente, impulsada por tendencias y desarrollos clave:

- Computación en la nube: Permite a las organizaciones acceder a recursos y servicios informáticos a través de Internet, reduciendo costos y aumentando la flexibilidad.

- Internet de las Cosas (IoT): Conexión de dispositivos cotidianos a Internet, permitiendo la recopilación y análisis de datos para mejorar la eficiencia y la toma de decisiones.

- Inteligencia Artificial (IA): Uso de algoritmos y modelos avanzados para realizar tareas que normalmente requieren inteligencia humana, como el reconocimiento de imágenes y el procesamiento del lenguaje natural.

- Ciberseguridad: Desarrollo de técnicas y herramientas avanzadas para proteger los sistemas informáticos contra amenazas cada vez más sofisticadas.

- Realidad Aumentada (AR) y Realidad Virtual (VR): Tecnologías que mejoran la interacción del usuario con el entorno digital, utilizadas en juegos, educación y aplicaciones industriales.

Los sistemas informáticos son una parte integral y esencial de la sociedad moderna, impactando prácticamente todos los aspectos de la vida diaria. Desde su evolución histórica hasta los componentes y clasificaciones actuales, es evidente que los sistemas informáticos han transformado la manera en que trabajamos, aprendemos y nos comunicamos. Con el avance continuo de la tecnología, es fundamental para los profesionales del ciclo formativo de grado superior comprender y mantenerse al día con las últimas tendencias y desarrollos en este campo dinámico. Esta comprensión les permitirá no solo aprovechar las oportunidades actuales, sino también adaptarse y liderar en el futuro del entorno tecnológico.

Capítulo 1.

Introducción a los sistemas informáticos

1.1. Concepto y definición de sistemas Informáticos

Un sistema informático es un conjunto de componentes interrelacionados que trabajan juntos para realizar una variedad de tareas de procesamiento de datos. Estos componentes incluyen hardware, software, datos, procedimientos y personal. Los sistemas informáticos son fundamentales en la era moderna, permitiendo a las organizaciones manejar grandes cantidades de información de manera eficiente y efectiva.

1.2. Componentes principales de un sistema informático

a) Hardware

El hardware se refiere a todos los componentes físicos de un sistema informático. Esto incluye:

Unidad Central de Procesamiento (CPU): Es el cerebro del sistema, responsable de ejecutar instrucciones y procesar datos.

Memoria: Incluye la memoria RAM (memoria de acceso aleatorio) que almacena datos temporales y la ROM (memoria de solo lectura) que contiene el firmware.

Dispositivos de Entrada y Salida (E/S): Permiten la interacción con el sistema, como teclados, ratones, monitores e impresoras.

Almacenamiento secundario: Discos duros, unidades de estado sólido (SSD), y unidades ópticas para el almacenamiento a largo plazo de datos.

b) Software

El software es el conjunto de instrucciones y programas que permiten al hardware realizar tareas específicas. Se divide en:

Software de sistema: Incluye el sistema operativo (SO) que gestiona los recursos del hardware y proporciona servicios a los programas de aplicación.

Software de aplicación: Programas diseñados para realizar tareas específicas como procesamiento de texto, hojas de cálculo, y gestión de bases de datos.

Software de desarrollo:Herramientas utilizadas por los programadores para crear software, como compiladores y entornos de desarrollo integrados (IDE).

c) Datos

Los datos son la información procesada por el sistema informático. Incluyen:

Datos de entrada: Información que se ingresa al sistema para ser procesada.

Datos de salida: Información generada por el sistema después del procesamiento.

Datos de almacenamiento: Datos guardados en dispositivos de almacenamiento para su uso futuro.

d) Procedimientos

Los procedimientos son las reglas y políticas que rigen el uso del sistema informático. Incluyen:

Procedimientos de operación: Instrucciones para operar y mantener el sistema.

Procedimientos de seguridad: Normas para proteger el sistema y los datos contra accesos no autorizados y otros riesgos.

Procedimientos de respaldo y recuperación: Planes para asegurar que los datos pueden ser recuperados en caso de pérdida o fallo del sistema.

e) Personal

El personal se refiere a las personas que utilizan y mantienen el sistema informático. Esto incluye: Usuarios finales: Personas que interactúan directamente con el sistema para realizar tareas específicas. Administradores de sistemas: Responsables de la configuración, mantenimiento y seguridad del sistema. Desarrolladores de software: Programadores que crean y mantienen el software utilizado por el sistema.

1.3. Tipos de sistemas informáticos

Los sistemas informáticos se pueden clasificar en varias categorías según su tamaño, propósito y capacidad de procesamiento:

a) Sistemas Informáticos Personales

Diseñados para uso individual, como computadoras de escritorio y portátiles. Son utilizados para tareas cotidianas como navegación web, procesamiento de textos y juegos.

b) Sistemas Informáticos Empresariales

Utilizados por organizaciones para manejar grandes volúmenes de datos y operaciones complejas. Incluyen servidores, mainframes y sistemas de almacenamiento en red.

c) Sistemas Embebidos

Componentes de sistemas más grandes que realizan funciones específicas, como en electrodomésticos, automóviles y dispositivos médicos. Son diseñados para ser altamente fiables y eficientes.

d) Sistemas de Tiempo Real

Utilizados en aplicaciones que requieren una respuesta inmediata y precisa, como en control de tráfico aéreo, sistemas de control industrial y dispositivos médicos.

e) Sistemas Distribuidos

Constituidos por múltiples computadoras que trabajan juntas para lograr un objetivo común. Son utilizados en aplicaciones que requieren gran capacidad de procesamiento y almacenamiento, como servicios en la nube y redes sociales.

1.4. Arquitectura de Von Neumann

La arquitectura de Von Neumann es una estructura de diseño fundamental para los sistemas informáticos modernos y fue propuesta por John Von Neumann en 1945.

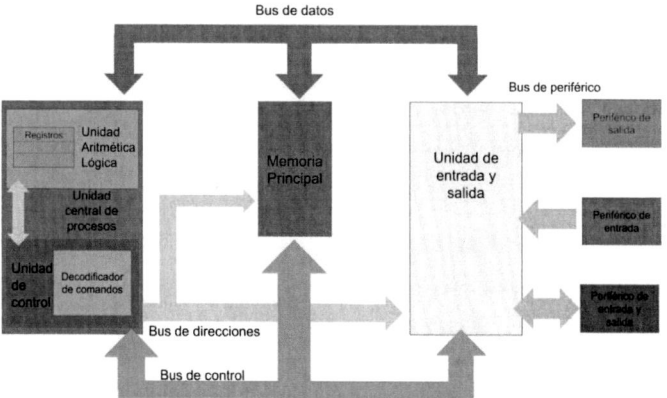

En la imagen anterior diseñada por un alumno de 1º de DAM (Desarrollo de aplicaciones multimedia) se aprecia de forma esquemática y clara los componentes de la propuesta de Von Neumann que a continuación se detallan:

a) Unidad Central de Procesamiento (CPU)

La CPU es el cerebro del sistema, responsable de ejecutar las instrucciones del programa. Se compone de la Unidad de Control (CU) y la Unidad Aritmético-Lógica (ALU):

Unidad de Control (CU): Dirige las operaciones del procesador, decodificando las instrucciones y controlando el flujo de datos entre la memoria y los dispositivos de entrada/salida.

Unidad Aritmético-Lógica (ALU): Realiza operaciones matemáticas y lógicas sobre los datos.

b) Memoria principal

La memoria principal almacena tanto las instrucciones del programa como los datos que están siendo procesados. Se divide en:

Memoria de instrucciones: Almacena las instrucciones del programa que serán ejecutadas por la CPU.

Memoria de Datos: Almacena los datos que serán utilizados durante la ejecución del programa.

c) Dispositivos de Entrada y Salida (E/S)

Los dispositivos de E/S permiten la comunicación entre el sistema informático y el mundo exterior. Ejemplos incluyen teclados, monitores, impresoras y discos duros.

d) Bus de datos

El bus de datos es un sistema de comunicación que transfiere datos entre la CPU, la memoria y los dispositivos de E/S. Consta de tres tipos de buses:

Bus de datos: Transporta datos entre los componentes del sistema.

Bus de direcciones: Transporta las direcciones de memoria donde se almacenarán o recuperarán los datos.

Bus de control: Transporta señales de control y estado entre los componentes del sistema.

1.5. Funciones y operaciones de un sistema informático

Un sistema informático realiza varias funciones esenciales para procesar datos:

a) Entrada de datos

La entrada de datos es el proceso de capturar y reunir datos para ser procesados. Los dispositivos de entrada comunes incluyen teclados, ratones, escáneres y micrófonos.

b) Procesamiento de datos

El procesamiento de datos implica la transformación de los datos de entrada en información útil. Esto se realiza mediante la ejecución de instrucciones por la CPU, que puede incluir cálculos, comparaciones y transferencias de datos.

c) Almacenamiento de datos

El almacenamiento de datos permite guardar información para su uso futuro. Los dispositivos de almacenamiento pueden ser volátiles, como la RAM, o no volátiles, como los discos duros y SSDs.

d) Salida de datos

La salida de datos es el proceso de presentar la información procesada al usuario o a otro sistema. Los dispositivos de salida incluyen monitores, impresoras y altavoces.

e) Control

El control coordina y gestiona las actividades del sistema informático. El sistema operativo juega un papel crucial en esta función, asegurando que los recursos se asignen adecuadamente y que las operaciones se ejecuten de manera eficiente.

1.6. Sistemas operativos

El sistema operativo (SO) es el software fundamental que gestiona el hardware del sistema y proporciona servicios a otros programas. Sus funciones incluyen:

a) Gestión de procesos

El SO administra la ejecución de los procesos, asignando tiempo de CPU y recursos necesarios. Incluye la gestión de procesos en ejecución, suspendidos y terminados.

b) Gestión de memoria

El SO controla la asignación y liberación de memoria para los procesos, gestionando tanto la memoria principal (RAM) como la memoria secundaria.

c) Gestión de almacenamiento

El SO maneja la lectura y escritura de datos en dispositivos de almacenamiento, organizando archivos y directorios y proporcionando acceso seguro a los datos.

d) Gestión de dispositivos

El SO controla los dispositivos de entrada y salida, proporcionando controladores de dispositivos que permiten la comunicación entre el hardware y el software.

e) Interfaz de Usuario
El SO proporciona una interfaz para que los usuarios interactúen con el sistema. Puede ser una interfaz de línea de comandos (CLI) o una interfaz gráfica de usuario (GUI).

1.7. Redes de computadoras

Una red de computadoras es un conjunto de computadoras interconectadas que comparten recursos y datos. Los componentes clave de una red incluyen:

a) Dispositivos de Red
Routers: Dispositivos que encaminan el tráfico de datos entre diferentes redes.

Switches: Dispositivos que conectan computadoras dentro de una misma red y gestionan el tráfico de datos.

Modems: Dispositivos que modulan y demodulan señales para permitir la transmisión de datos a través de líneas telefónicas o cable.

b) Medios de Transmisión
Cables de par trenzado: Utilizados comúnmente en redes Ethernet.

Fibra óptica: Proporciona alta velocidad y capacidad de transmisión a largas distancias.

Medios inalámbricos: Utilizan ondas de radio o infrarrojas para la transmisión de datos sin cables físicos.

c) Protocolos de comunicación
TCP/IP (Protocolo de Control de Transmisión/Protocolo de Internet): Conjunto de protocolos que permiten la comunicación en Internet.

HTTP/HTTPS (Protocolo de Transferencia de Hipertexto): Utilizado para la transferencia de páginas web.

c) Protocolos de comunicación

- **TCP/IP (Protocolo de Control de Transmisión/ Protocolo de Internet):** Conjunto de protocolos que permiten la comunicación en Internet.
- **HTTP/HTTPS (Protocolo de Transferencia de Hipertexto):** Utilizado para la transferencia de páginas web.
- **FTP (Protocolo de Transferencia de Archivos):** Utilizado para la transferencia de archivos entre computadoras.

1.8. Seguridad informática

La seguridad informática es la protección de los sistemas informáticos y la información contra accesos no autorizados, daños o robo. Incluye:

a) Confidencialidad

Garantiza que la información solo sea accesible a las personas autorizadas. Esto se logra mediante el uso de técnicas de cifrado, autenticación y control de acceso.

b) Integridad

Asegura que la información no sea alterada de manera no autorizada. Esto incluye el uso de técnicas de control de versiones, sumas de verificación y firmas digitales.

c) Disponibilidad

Garantiza que los sistemas y datos estén disponibles para los usuarios autorizados cuando los necesiten. Esto se logra mediante copias de seguridad, planes de recuperación ante desastres y mantenimiento regular de los sistemas.

d) Autenticación

Verifica la identidad de los usuarios que intentan acceder al sistema. Esto puede incluir el uso de contraseñas, tarjetas inteligentes y autenticación biométrica.

e) Auditoría y Monitoreo

Involucra la supervisión continua de los sistemas para detectar y responder a actividades sospechosas. Esto incluye el registro de eventos, análisis de logs y sistemas de detección de intrusiones.

1.9. Conclusión

Los sistemas informáticos son una parte integral de la sociedad moderna, facilitando la gestión de información y la realización de tareas complejas. Comprender los componentes, funciones y la arquitectura de von Neumann es esencial para cualquier profesional en el campo de la informática. Además, la implementación de redes de computadoras y medidas de seguridad adecuadas asegura que los sistemas operen de manera eficiente y segura.

Capítulo 2.

Representación de la información

En el ámbito de la informática y el desarrollo de software, entender cómo se representa y manipula la información es fundamental. Desde los sistemas de numeración básicos hasta la representación de números complejos como los reales, cada aspecto juega un papel crucial en el diseño y la implementación de aplicaciones informáticas eficientes y precisas. Este apartado se centrará en explorar estos conceptos clave, proporcionando ejemplos prácticos y detallados para ilustrar su aplicación en el contexto del Ciclo Formativo de Grado Superior.

2.1. Sistemas de numeración

Los sistemas de numeración son métodos formales de representar números utilizando símbolos o dígitos. Cada sistema tiene su base numérica y reglas específicas para la representación de números. Los sistemas de numeración más comunes son el decimal (base 10), binario (base 2), octal (base 8), y hexadecimal (base 16).

1. Decimal (Base 10)
   El sistema decimal utiliza 10 dígitos: 0, 1, 2, 3, 4, 5, 6, 7, 8, y 9. Este sistema es utilizado comúnmente en la vida cotidiana y representa números enteros y reales.
2. Binario (Base 2)
   El sistema binario utiliza solo dos dígitos: 0 y 1. Es fundamental en la electrónica y la informática, ya que los dispositivos digitales operan internamente con señales binarias.

2.2. Conversión entre bases

La conversión entre sistemas de numeración es esencial para entender cómo los números se representan y manipulan en diferentes contextos. A continuación, se detallan los métodos de conversión más comunes:

De Decimal a Binario: Dividir sucesivamente por 2 y tomar los residuos.

Ejemplo: Convertir 13 a binario.

> 13 / 2 = 6 residuo 1
> 6 / 2 = 3 residuo 0
> 3 / 2 = 1 residuo 1
> 1 / 2 = 0 residuo 1
>
> Resultado: 1101

De Binario a Decimal: Multiplicar cada bit por 2 elevado a su posición y sumar los resultados.

Ejemplo: Convertir 1101 a decimal.

> $1*2^3 + 1*2^2 + 0*2^1 + 1*2^0 = 8 + 4 + 0 + 1 = 13$

De Decimal a Hexadecimal: Dividir sucesivamente por 16 y tomar los residuos, usando letras A-F para representar los valores del 10 al 15.

Ejemplo: Convertir 254 a hexadecimal.

> 254 / 16 = 15 residuo 14 (E en hexadecimal)
> 15 / 16 = 0 residuo 15 (F en hexadecimal)
>
> Resultado: FE

De Hexadecimal a Decimal: Multiplicar cada dígito por 16 elevado a su posición y sumar los resultados.

Ejemplo: Convertir FE a decimal.

> $15*16^1 + 14*16^0 = 240 + 14 = 254$

2.3. Números enteros

Los números enteros son aquellos que no tienen parte fraccionaria. En informática, se pueden representar de varias maneras, siendo las más comunes el sistema de signo y magnitud, y el complemento a 2.

2.4. Representación en complemento a 2

El complemento a 2 es una técnica utilizada para representar números enteros de forma binaria, facilitando las operaciones aritméticas sin la necesidad de un bit de signo explícito.

Representación de Números Positivos: Se representan de la misma manera que en binario estándar.

Ejemplo: Representar +5 en un sistema de 4 bits.

5: 0101

Representación de Números Negativos: Invertir todos los bits del número positivo correspondiente, y sumarle I al resultado.

Ejemplo: Representar -5 en un sistema de 4 bits.

5 en binario: 0101

Invertir bits: 1010

Sumar 1: 1011

Resultado: 1011
(que representa -5 en complemento a 2)

2.5. Números reales

Los números reales incluyen números con parte fraccionaria y se representan utilizando estándares como IEEE 754, que define formatos para la representación de números de punto flotante.

Formato IEEE 754

IEEE 754 es un estándar internacional para la representación de números en coma flotante en sistemas binarios. Define formatos para dos precisiones principales:

Simple Precisión (32 bits):
- 1 bit para el signo.
- 8 bits para el exponente.
- 23 bits para la mantisa (fracción).

Doble Precisión (64 bits):
- 1 bit para el signo.
- 11 bits para el exponente.
- 52 bits para la mantisa (fracción).

Ejemplo Práctico: Representar 5.75 en IEEE 754 de simple precisión.

1. Convertir a binario:
   $5 = 101$
   $0.75 = 0.11$
   Número en binario: 101.11

2. Normalizar:
   1.0111×2^2

3. Formato IEEE 754:
   - Signo: 0 (positivo)
   - Exponente: $2 + 127 = 129 \rightarrow 10000001$
   - Mantisa: 01110000000000000000000

Resultado final:

0 10000001 01110000000000000000000

2.6. Representación alfanumérica

Los caracteres alfanuméricos, como letras, números y símbolos especiales, también deben ser representados en sistemas digitales. Para ello, se utilizan códigos estándar como ASCII (American Standard Code for Information Interchange) y Unicode.

ASCII: Utiliza 7 u 8 bits para representar caracteres en inglés y otros caracteres especiales.

Ejemplo: El carácter 'A' en ASCII es representado por el valor decimal 65 o 01000001 en binario.

Unicode: Es una extensión de ASCII que utiliza más bits (generalmente 16 o 32 bits) para representar un conjunto más amplio de caracteres, incluyendo varios idiomas y símbolos.

Ejemplo: El carácter 'A' en Unicode es U+0041.

2.7. Ejemplos Prácticos

A continuación se presentan ejemplos prácticos que ilustran cómo se aplican estos conceptos en situaciones reales.

▓▓▓▓ Ejemplo I: Conversión de Sistemas de Numeración

Conversión de 42 de decimal a binario, octal y hexadecimal.

Decimal a binario:
   42 / 2 = 21 residuo 0
   21 / 2 = 10 residuo 1
   10 / 2 = 5 residuo 0
   5 / 2 = 2 residuo 1
   2 / 2 = 1 residuo 0
   1 / 2 = 0 residuo 1
   Resultado: 101010

Decimal a octal:
   42 / 8 = 5 residuo 2
   5 / 8 = 0 residuo 5
   Resultado: 52

Decimal a hexadecimal:
   42 / 16 = 2 residuo 10 (A en hexadecimal)
   2 / 16 = 0 residuo 2
   Resultado: 2A

▓▓▓▓ Ejemplo 2: Representación de Números Enteros en Complemento a 2

Representar -12 en un sistema de 8 bits.
1. Convertir 12 a binario:
   12 = 00001100
2. Invertir los bits:
   Invertir bits: 11110011
3. Sumar 1 (complemento a 2):
   Sumar 1: 11110100

Resultado: `11110100` representa -12 en complemento a 2 en un sistema de 8 bits.

Ejemplo 3: Representación de Números Reales en IEEE 754

Representar el número -2.5 en IEEE 754 de simple precisión.

1. Convertir a binario:
   Parte entera: 2 = 10
   Parte fraccionaria: 0.5 = 0.1
   Número en binario: 10.1
2. Normalizar:
   1.01×2^1
3. Formato IEEE 754:
   • Signo: 1 (negativo)
   • Exponente: 1 + 127 = 128 -> `10000000`
   • Mantisa: `01000000000000000000000`

Resultado final:
1 10000000 01000000000000000000000

Este es el formato en IEEE 754 de simple precisión para representar el número -2.5.

Ejemplo 4: Representación Alfanumérica en ASCII y Unicode

Representar el carácter 'B' en ASCII y Unicode.

ASCII:

   'B' = 66 en decimal = 01000010 en binario
   Unicode:
   'B' = U+0042

Unicode proporciona una representación más amplia y versátil de caracteres, permitiendo la inclusión de múltiples idiomas y símbolos en un solo estándar.

2.8. Aplicación práctica en el ciclo formativo de grado superior DAM

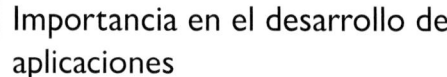 Importancia en el desarrollo de aplicaciones

En el contexto del Ciclo Formativo de Grado Superior en Desarrollo de Aplicaciones Multiplataforma (DAM), comprender estos conceptos es esencial para varios aspectos del desarrollo de software:

• Optimización de Recursos: La elección adecuada del sistema de numeración y la representación de datos puede mejorar la eficiencia del programa y reducir el uso de recursos.

• Compatibilidad de Plataforma: Entender cómo se representan los datos en diferentes plataformas asegura que las aplicaciones funcionen de manera consistente en diversos entornos.

• Seguridad: La representación adecuada de números enteros y reales ayuda a evitar errores de desbordamiento y vulnerabilidades de seguridad en las aplicaciones.

Integración con tecnologías actuales

Con el aumento de la computación en la nube y las aplicaciones móviles, la habilidad para manejar eficazmente la representación de datos se vuelve aún más crítica. Los estándares como IEEE 754 son fundamentales para la interoperabilidad de datos en sistemas distribuidos y entornos heterogéneos.

Ejemplos en desarrollo de software

Los desarrolladores de DAM pueden encontrar aplicaciones prácticas en:

- Desarrollo de Juegos: Donde la representación precisa de coordenadas y física del juego requiere un manejo cuidadoso de números reales en IEEE 754.

- Aplicaciones Financieras: Donde la precisión en cálculos financieros y contables depende de la correcta representación de números enteros y reales.

- Desarrollo Web: Donde la internacionalización y la localización de aplicaciones requieren la comprensión de Unicode para manejar diferentes conjuntos de caracteres y alfabetos.

En resumen, la representación de la información abarca desde los sistemas de numeración básicos hasta los estándares complejos como IEEE 754. En el contexto del Ciclo Formativo de Grado Superior en Desarrollo de Aplicaciones Multiplataforma (DAM), estos conceptos son fundamentales para el desarrollo de aplicaciones robustas y eficientes. Comprender cómo se representan y manipulan los números enteros, reales y caracteres alfanuméricos es crucial para garantizar la precisión, seguridad y rendimiento de las aplicaciones informáticas modernas. Dominar estos fundamentos no solo mejora las habilidades técnicas de los estudiantes, sino que también prepara el terreno para exploraciones más avanzadas en el campo de la informática y la programación.

Capítulo 3.

Hardware

El hardware es un componente esencial de cualquier sistema informático, ya que constituye la base física sobre la cual se ejecutan todas las operaciones de software. Comprender el hardware es crucial para los estudiantes de ciclos formativos de grado superior en informática, ya que les permite entender cómo interactúan los componentes de un sistema, cómo se gestionan los recursos y cómo solucionar problemas de rendimiento. Este texto abarca en detalle los diferentes componentes del hardware de un sistema informático, su funcionamiento y su papel en el rendimiento general del sistema.

3.1. Unidad central de procesamiento (CPU)

La Unidad Central de Procesamiento (CPU) es el "cerebro" de la computadora, encargada de ejecutar las instrucciones de los programas y realizar cálculos necesarios. La CPU consta de varios componentes clave:

- Unidad de Control (CU): Dirige las operaciones del procesador, incluyendo la interpretación y ejecución de las instrucciones.
- Unidad Aritmética-Lógica (ALU): Realiza operaciones aritméticas y lógicas.
- Registros: Pequeñas unidades de almacenamiento dentro del CPU que contienen datos y instrucciones durante el procesamiento.
- Caché: Memoria de alta velocidad ubicada dentro del CPU para almacenar datos y órdenes a los que se accede frecuentemente, mejorando la eficiencia y velocidad del procesamiento.

Las CPU modernas son multicore, lo que significa que contienen múltiples núcleos de procesamiento dentro de un solo chip. Cada núcleo puede procesar instrucciones de forma independiente, aumentando significativamente la capacidad de procesamiento y permitiendo el funcionamiento simultáneo de múltiples aplicaciones (multitarea).

3.2. Memoria

La memoria de un sistema informático se clasifica principalmente en memoria primaria y memoria secundaria.

Memoria Primaria

La memoria primaria incluye:

- Memoria RAM (Random Access Memory): Es una memoria volátil que se utiliza para almacenar datos e instrucciones temporalmente mientras el sistema está en funcionamiento. La RAM permite el acceso rápido a los datos y es crucial para el rendimiento del sistema. Existen diferentes tipos de RAM, como DDR (Double Data Rate), DDR2, DDR3, DDR4 y DDR5, cada uno con mejoras en velocidad y eficiencia energética.

- Memoria ROM (Read-Only Memory): Es una memoria no volátil que almacena datos de forma permanente. La ROM contiene instrucciones esenciales para el arranque del sistema y la inicialización del hardware. Existen varios tipos de ROM, como PROM (Programmable ROM), EPROM (Erasable Programmable ROM) y EEPROM (Electrically Erasable Programmable ROM), que permiten diferentes niveles de programación y borrado de datos.

▐ Memoria Secundaria

La memoria secundaria incluye dispositivos de almacenamiento que retienen datos de forma permanente, incluso cuando el sistema está apagado. Algunos ejemplos son:

- Discos Duros (HDD): Utilizan platos magnéticos para almacenar datos. Son económicos y ofrecen grandes capacidades de almacenamiento, pero son más lentos y menos duraderos que las unidades de estado sólido.
- Unidades de Estado Sólido (SSD): Utilizan memoria flash para almacenar datos, lo que proporciona velocidades de acceso más rápidas y mayor durabilidad que los discos duros. Las SSD están reemplazando cada vez más a los HDD debido a su mejor rendimiento y reducción de costos.
- Unidades Ópticas: Como CD, DVD y Blu-ray, utilizan láseres para leer y escribir datos en discos ópticos. Son menos comunes en los sistemas modernos debido a la popularidad del almacenamiento en la nube y las memorias USB.
- Memorias USB y Tarjetas de Memoria: Utilizan memoria flash para el almacenamiento portátil. Son convenientes para transferir datos entre dispositivos y para almacenamiento temporal.

3.3. Placa base (Motherboard)

La placa base es el componente central que conecta todos los demás componentes del sistema. Proporciona las rutas eléctricas necesarias para que los datos y las instrucciones se comuniquen entre el CPU, la memoria, los dispositivos de almacenamiento y los periféricos. Los principales componentes de una placa base incluyen:

- Chipset: Controla la comunicación entre el CPU, la memoria y los dispositivos periféricos. Los chipsets están divididos en dos partes: el puente norte (Northbridge) y el puente sur (Southbridge).
- Ranuras de Memoria: Permiten la instalación de módulos de memoria RAM.
- Ranuras de Expansión: Permiten la conexión de tarjetas adicionales como tarjetas gráficas, tarjetas de sonido y tarjetas de red.
- Conectores de Alimentación: Proporcionan energía a la placa base y a sus componentes.
- Conectores de Almacenamiento: Incluyen puertos SATA y M.2 para la conexión de unidades de almacenamiento.
- Puertos de E/S (Entrada/Salida): Incluyen puertos USB, Ethernet, audio y otros conectores para dispositivos periféricos.

3.4. Dispositivos de entrada y salida (E/S)

Los dispositivos de entrada y salida permiten la interacción del usuario con el sistema informático. Estos dispositivos se pueden clasificar en:

Dispositivos de Entrada

- Teclado: Permite la entrada de texto y comandos al sistema.
- Ratón: Dispositivo apuntador que permite la interacción con la interfaz gráfica del usuario.
- Escáner: Convierte documentos físicos en archivos digitales.

- Micrófono: Permite la entrada de audio al sistema.
- Cámara: Captura imágenes y video.

Dispositivos de Salida

- Monitor: Dispositivo de visualización que muestra la salida gráfica del sistema.
- Impresora: Produce copias físicas de documentos digitales.
- Altavoces: Emiten sonido generado por el sistema.
- Proyector: Muestra imágenes y videos en una pantalla grande.

3.5. Dispositivos de almacenamiento

Los dispositivos de almacenamiento se utilizan para guardar datos de forma permanente o temporal. Estos dispositivos incluyen:

Discos duros (HDD)

Los discos duros son dispositivos de almacenamiento magnético que utilizan platos giratorios y cabezales de lectura/escritura para almacenar y recuperar datos. Los HDD ofrecen grandes capacidades de almacenamiento a un costo relativamente bajo, pero tienen tiempos de acceso más lentos en comparación con las unidades de estado sólido.

Unidades de estado sólido (SSD)

Las SSD utilizan memoria flash para almacenar datos, lo que les permite ofrecer tiempos de acceso más rápidos y mayor durabilidad que los HDD. Las SSD son más caras por gigabyte que los HDD, pero su rendimiento superior las hace una opción popular para sistemas operativos y aplicaciones que requieren acceso rápido a datos.

Unidades opticas

Las unidades ópticas utilizan láseres para leer y escribir datos en discos ópticos como CD, DVD y Blu-ray. Aunque han disminuido en popularidad debido a la creciente preferencia por el almacenamiento digital y en la nube, todavía se utilizan para la distribución de software y la reproducción de medios.

Memorias USB y tarjetas de memoria

Las memorias USB y las tarjetas de memoria son dispositivos de almacenamiento portátil que utilizan memoria flash. Son convenientes para transferir datos entre dispositivos y para el almacenamiento temporal de archivos.

3.6. Componentes de red

Los componentes de red permiten la comunicación entre diferentes sistemas informáticos y el acceso a recursos compartidos. Estos componentes incluyen:

- Tarjeta de Red (NIC): Permite la conexión de un sistema informático a una red local (LAN) o a Internet. Las tarjetas de red pueden ser integradas en la placa base o añadidas como tarjetas de expansión.
- Router: Dispositivo que dirige el tráfico de datos entre diferentes redes y proporciona acceso a Internet.

- Switch: Dispositivo que conecta varios dispositivos en una red local y permite la transferencia de datos entre ellos.
- Punto de Acceso Inalámbrico (AP): Permite la conexión de dispositivos inalámbricos a una red local.
- Modem: Dispositivo que convierte las señales digitales en señales analógicas para la transmisión a través de líneas telefónicas o cable.

3.7. Fuentes de alimentación

La fuente de alimentación es responsable de convertir la corriente alterna (CA) de la toma de corriente en corriente continua (CC) que puede ser utilizada por los componentes del sistema informático. Las fuentes de alimentación varían en capacidad, medida en vatios (W), y deben ser elegidas en función de los requisitos de energía del sistema.

- ATX: El tipo más común de fuente de alimentación para computadoras de escritorio.
- SFX: Una versión más pequeña de las fuentes de alimentación ATX, utilizadas en sistemas compactos.
- EPS: Utilizadas en servidores y estaciones de trabajo de alto rendimiento.

3.8. Refrigeración

La refrigeración es esencial para mantener la temperatura de los componentes del sistema dentro de límites seguros y para asegurar su funcionamiento óptimo. Los métodos de refrigeración incluyen:

- Ventiladores: Utilizados para mover aire a través del chasis del sistema y disipar el calor generado por los componentes.
- Disipadores de Calor: Bloques de metal que absorben y dispersan el calor de componentes como el CPU y la GPU.
- Refrigeración Líquida: Utiliza un líquido refrigerante para absorber y transferir el calor fuera del sistema, proporcionando una solución de enfriamiento más eficiente que los ventiladores y disipadores de calor.

3.9. Factores de forma

Los factores de forma se refieren a las dimensiones y el diseño físico de los componentes de hardware, que determinan su compatibilidad con otros componentes y el chasis del sistema. Los factores de forma comunes incluyen:

- ATX: El factor de forma estándar para placas base y chasis de escritorio.
- MicroATX: Una versión más pequeña de ATX, compatible con muchos de los mismos componentes.
- Mini-ITX: Un factor de forma aún más compacto, utilizado en sistemas pequeños y de bajo consumo.

3.10. Ensamblaje

El ensamblaje y mantenimiento de sistemas informáticos requieren habilidades y conocimientos específicos para garantizar un rendimiento óptimo y prolongar la vida útil de los componentes.

- Planificación: Seleccionar componentes compatibles y adecuados para el propósito del sistema.

Instalación de la Placa Base: Asegurar la placa base en el chasis y conectar los componentes principales.

- Instalación de la CPU y la Memoria: Montar el CPU y los módulos de RAM en la placa base.

- Instalación de Dispositivos de Almacenamiento y Periféricos: Conectar discos duros, SSD y otros periféricos.

- Conexión de Cables: Asegurar todas las conexiones de alimentación y datos.

- Pruebas Iniciales: Verificar que el sistema se inicia correctamente y que todos los componentes funcionan como se espera.

3.II. Mantenimiento

- Limpieza Regular: Eliminar el polvo y los residuos de los componentes para evitar el sobrecalentamiento.

- Actualización de Componentes: Reemplazar componentes obsoletos o defectuosos para mejorar el rendimiento del sistema.

- Monitoreo de Temperatura: Utilizar software y hardware para monitorear la temperatura de los componentes y asegurarse de que el sistema se mantiene dentro de los límites seguros.

- Gestión de Cables: Organizar los cables dentro del chasis para mejorar el flujo de aire y facilitar el mantenimiento.

3.12. Nuevas tecnologías

Procesadores de Última Generación: CPU y GPU más rápidas y eficientes, con mayor número de núcleos y soporte para tecnologías avanzadas como la inteligencia artificial y la realidad virtual.

- Memoria de Alta Velocidad: Nuevas generaciones de memoria RAM y almacenamiento que ofrecen velocidades de acceso significativamente más rápidas.
- Conectividad Avanzada: Estándares de conexión más rápidos y eficientes, como USB 4.0 y PCIe 5.0.
- Refrigeración Avanzada: Soluciones de enfriamiento más eficientes, incluyendo la refrigeración líquida de circuito cerrado y la refrigeración pasiva avanzada.

3.13. Tendencias

- Computación en la Nube: Mayor dependencia de servicios y almacenamiento en la nube, lo que reduce la necesidad de hardware local potente.
- Internet de las Cosas (IoT): Creciente integración de dispositivos conectados que interactúan entre sí y con sistemas centralizados.
- Inteligencia Artificial y Aprendizaje Automático: Hardware especializado para procesar algoritmos de IA y aprendizaje automático, como las unidades de procesamiento tensorial (TPU).
- Sostenibilidad: Mayor enfoque en el diseño de hardware eficiente energéticamente y en la reducción del impacto ambiental de los dispositivos electrónicos.

El hardware es una parte fundamental de cualquier sistema informático, proporcionando la base sobre la cual se ejecutan todas las operaciones de software. Comprender los diferentes componentes de hardware, su funcionamiento y su interconexión es esencial para los estudiantes de ciclos formativos de grado superior en informática. Desde la CPU y la memoria hasta los dispositivos de entrada y salida, cada componente desempeña un papel crucial en el rendimiento y la funcionalidad del sistema. Con el avance continuo de la tecnología y la aparición de nuevas tendencias, es vital mantenerse actualizado sobre los últimos desarrollos para maximizar el potencial de los sistemas informáticos.

Capítulo 4.

Periféricos.
Memorias auxiliares

4.1. Definición periférico y memoria auxiliar

En el ámbito de la informática, los periféricos y las memorias auxiliares juegan un papel crucial en la expansión de las capacidades de un sistema informático. Estos componentes permiten la interacción con el usuario y el almacenamiento de grandes cantidades de datos de forma segura y eficiente. Comprender los diferentes tipos de periféricos y memorias auxiliares es esencial para los estudiantes de ciclos formativos de grado superior en informática, ya que les proporciona los conocimientos necesarios para diseñar, configurar y mantener sistemas informáticos completos y funcionales. Este texto abordará en detalle los diversos periféricos y memorias auxiliares, su funcionamiento y su importancia en el rendimiento global del sistema.

4.2. Periféricos

Los periféricos son dispositivos externos que se conectan a un sistema informático para ampliar sus capacidades. Se clasifican principalmente en dispositivos de entrada, dispositivos de salida y dispositivos mixtos (entrada/salida).

4.2.1. Dispositivos de entrada

Los dispositivos de entrada permiten al usuario introducir datos e instrucciones en el sistema informático. Algunos ejemplos comunes incluyen:

Teclado:

Utilizado para la entrada de texto y comandos. Los teclados pueden ser mecánicos, de membrana o virtuales.

Ratón:

Dispositivo apuntador que permite al usuario interactuar con la interfaz gráfica del sistema. Los ratones pueden ser ópticos, láser o trackballs.

Escáner:

Convierte documentos físicos en archivos digitales mediante el uso de tecnología de captura de imágenes. Los escáneres pueden ser planos, de tambor o de mano.

Micrófono:

Permite la entrada de audio al sistema, utilizado en aplicaciones como videoconferencias, grabación de voz y reconocimiento de voz.

Cámara:

Captura imágenes y videos, utilizada en videoconferencias, fotografía digital y vigilancia.

4.2.2. Dispositivos de salida

Los dispositivos de salida muestran o reproducen los datos procesados por el sistema informático, permitiendo al usuario recibir información. Ejemplos comunes incluyen:

Monitor:

Dispositivo de visualización que muestra la salida gráfica del sistema. Los monitores pueden ser LCD, LED, OLED o CRT.

Impresora:

Produce copias físicas de documentos digitales. Las impresoras pueden ser de inyección de tinta, láser, térmicas o matriciales.

Altavoces:

Emiten sonido generado por el sistema, utilizados en aplicaciones multimedia, juegos y reproducción de música.

Proyector:

Muestra imágenes y videos en una pantalla grande, utilizado en presentaciones, cine en casa y aulas.

4.2.3. Dispositivos mixtos (entrada/salida)

Estos dispositivos combinan funciones de entrada y salida en un solo aparato, permitiendo una interacción bidireccional con el sistema informático. Ejemplos incluyen:

Pantallas táctiles:

Permiten la entrada de datos mediante el toque y también muestran información visual. Se utilizan en teléfonos inteligentes, tabletas y quioscos de información.

Impresoras multifunción:

Combinan las funciones de impresión, escaneo, copia y fax en un solo dispositivo.

4.3. Memorias auxiliares

Las memorias auxiliares se utilizan para el almacenamiento masivo y a largo plazo de datos y programas. A diferencia de la memoria principal (RAM), las memorias auxiliares retienen la información incluso cuando el sistema está apagado. Los tipos principales incluyen discos duros, unidades de estado sólido, unidades ópticas y dispositivos de almacenamiento portátil.

Discos duros (HDD)

Los discos duros son dispositivos de almacenamiento magnético que utilizan platos giratorios y cabezales de lectura/escritura para almacenar y recuperar datos. Los HDD ofrecen grandes capacidades de almacenamiento a un costo relativamente bajo, pero tienen tiempos de acceso más lentos en comparación con las unidades de estado sólido.

Unidades de estado sólido (SSD)

Las SSD utilizan memoria flash para almacenar datos, lo que les permite ofrecer tiempos de acceso más rápidos y mayor durabilidad que los HDD. Las SSD son más caras por gigabyte que los HDD, pero su rendimiento superior las hace una opción popular para sistemas operativos y aplicaciones que requieren acceso rápido a datos.

Unidades ópticas

Las unidades ópticas utilizan láseres para leer y escribir datos en discos ópticos como CD, DVD y Blu-ray. Aunque han disminuido en popularidad debido a la creciente preferencia por el almacenamiento digital y en la nube, todavía se utilizan para la distribución de software y la reproducción de medios.

Dispositivos de almacenamiento portátil

Los dispositivos de almacenamiento portátil, como las memorias USB y las tarjetas de memoria, utilizan memoria flash para el almacenamiento portátil. Son convenientes para transferir datos entre dispositivos y para el almacenamiento temporal de archivos.

- Memorias USB: Dispositivos de almacenamiento compacto que se conectan a través de un puerto USB.
- Tarjetas de Memoria: Pequeñas tarjetas utilizadas en dispositivos portátiles como cámaras, teléfonos inteligentes y consolas de videojuegos.

4.4. Conectividad y transferencia de datos

La conectividad y transferencia de datos son aspectos cruciales para el funcionamiento de los periféricos y las memorias auxiliares. Diferentes interfaces y tecnologías permiten la comunicación eficiente entre los dispositivos y el sistema informático.

Interfaces comunes

USB (Universal Serial Bus): Es una interfaz estándar para la conexión de periféricos y dispositivos de almacenamiento. USB 3.0 y USB 3.1 ofrecen mayores velocidades de transferencia de datos en comparación con versiones anteriores.

- SATA (Serial ATA): Es una interfaz utilizada principalmente para conectar discos duros y unidades de estado sólido a la placa base.
- PCIe (Peripheral Component Interconnect Express): Es una interfaz de alta velocidad utilizada para conectar tarjetas de expansión como tarjetas gráficas y unidades SSD NVMe.
- Thunderbolt: Una interfaz de alta velocidad desarrollada por Intel que combina PCIe y DisplayPort en un solo cable, permitiendo la conexión de una amplia gama de periféricos y dispositivos de almacenamiento.

Tecnologías de transferencia de datos

- NFC (Near Field Communication): Una tecnología de comunicación inalámbrica de corto alcance utilizada en dispositivos móviles para transferencias rápidas y seguras de datos.

- Bluetooth: Tecnología inalámbrica utilizada para la conexión de periféricos como teclados, ratones y auriculares.
- Wi-Fi: Tecnología inalámbrica utilizada para la conexión de dispositivos a redes y para la transferencia de datos entre dispositivos.

4.5. Factores de rendimiento

El rendimiento de los periféricos y las memorias auxiliares puede verse afectado por diversos factores, incluyendo la velocidad de transferencia de datos, la capacidad de almacenamiento y la eficiencia energética.

Velocidad de transferencia de datos

La velocidad de transferencia de datos es crucial para el rendimiento general del sistema, especialmente en aplicaciones que requieren acceso rápido a grandes volúmenes de datos. Las interfaces más nuevas y avanzadas, como PCIe 4.0 y USB 3.1, ofrecen velocidades de transferencia significativamente más rápidas en comparación con tecnologías más antiguas.

Capacidad de almacenamiento

La capacidad de almacenamiento determina la cantidad de datos que se pueden almacenar en un dispositivo. Los HDD suelen ofrecer mayores capacidades a un costo menor, mientras que las SSD proporcionan menores capacidades pero con un rendimiento superior.

Eficiencia energética

La eficiencia energética es un factor importante, especialmente en dispositivos portátiles y sistemas que operan durante largos periodos. Las SSD son más eficientes energéticamente que los HDD, lo que las hace más adecuadas para dispositivos móviles.

4.6. Mantenimiento y actualización

El mantenimiento y la actualización de periféricos y memorias auxiliares son esenciales para asegurar un rendimiento óptimo y prolongar la vida útil de los componentes.

Mantenimiento

Limpieza regular: Mantener los periféricos y dispositivos de almacenamiento libres de polvo y residuos para evitar el sobrecalentamiento y el mal funcionamiento.

Monitoreo del rendimiento: Utilizar software para monitorear el rendimiento de los dispositivos de almacenamiento, permitiendo la detección temprana de problemas.

Actualización

Actualización de Firmware: Mantener el firmware de los dispositivos actualizado para mejorar el rendimiento y la compatibilidad.

Reemplazo de componentes: Sustituir periféricos y dispositivos de almacenamiento obsoletos o defectuosos para mejorar la funcionalidad y el rendimiento del sistema.

4.7. Avances tecnológicos y tendencias

El campo de los periféricos y las memorias auxiliares está en constante evolución, impulsado por avances tecnológicos y nuevas tendencias que buscan mejorar el rendimiento y la experiencia del usuario.

Nuevas Tecnologías

- Nuevas Generaciones de USB: USB 4.0 y USB-C ofrecen mayores velocidades de transferencia de datos y mayor flexibilidad en la conexión de dispositivos.

- Memorias NVMe: Ofrecen velocidades de transferencia significativamente más rápidas en comparación con las SSD SATA, gracias a la interfaz PCIe.

- Periféricos Inteligentes: Dispositivos que incorporan inteligencia artificial y capacidades avanzadas, como teclados con retroalimentación háptica y ratones con ajuste automático de sensibilidad.

Tendencias

- Dispositivos Inalámbricos: Mayor adopción de dispositivos inalámbricos que ofrecen mayor libertad y comodidad al usuario.

- Realidad Virtual y Aumentada: Desarrollo de periféricos especializados como gafas de realidad virtual y aumentada, que proporcionan experiencias inmersivas.

- Sostenibilidad: Enfoque en el diseño de dispositivos y componentes que sean más eficientes energéticamente y tengan un menor impacto ambiental.

Los periféricos y las memorias auxiliares son componentes esenciales de un sistema informático, que permiten la interacción del usuario y el almacenamiento de datos de forma eficiente y segura. Comprender sus características, funcionamiento y las tendencias actuales es vital para los estudiantes de ciclos formativos de grado superior en informática. Desde dispositivos de entrada y salida hasta diversas tecnologías de almacenamiento, cada componente desempeña un papel crucial en el rendimiento y la funcionalidad del sistema. Mantenerse actualizado sobre los últimos avances y prácticas de mantenimiento asegura que los sistemas informáticos operen de manera óptima y se adapten a las necesidades cambiantes de los usuarios y la industria.

Capítulo 5.

Introducción a los sistemas operativos. Virtualización

5.1. ¿Qué es un sistema operativo?

Un sistema operativo (SO) es un conjunto de programas que administran los recursos de hardware y software de un computador. Actúa como intermediario entre los usuarios y el hardware de la computadora, facilitando la ejecución de aplicaciones y la realización de tareas. Los sistemas operativos más conocidos incluyen Windows, macOS, Linux y Android.

Historia de los sistemas operativos

Los sistemas operativos han evolucionado considerablemente desde sus inicios. En los años 50, las computadoras no tenían sistemas operativos como los conocemos hoy. Los programas se ejecutaban directamente sobre el hardware. Con el tiempo, se desarrollaron sistemas operativos para gestionar mejor los recursos y facilitar el uso de las computadoras.

Generaciones de sistemas operativos:

- Primera Generación (1940-1955): Computadoras sin SO, programas se ejecutaban manualmente.
- Segunda Generación (1955-1965): Sistemas por lotes que ejecutaban secuencialmente varios programas.
- Tercera Generación (1965-1980): Multiprogramación y sistemas de tiempo compartido.
- Cuarta Generación (1980-presente): Sistemas operativos modernos con interfaces gráficas y multitarea avanzada.

Funciones de un sistema operativo

Un sistema operativo realiza varias funciones críticas para el funcionamiento de una computadora. Entre las más importantes se incluyen:

- Gestión de Procesos: El SO administra la ejecución de programas, asignando tiempo de CPU y recursos a cada proceso.
- Gestión de Memoria: Asigna y libera memoria para que los programas se ejecuten eficientemente.
- Gestión de Almacenamiento: Controla la lectura y escritura de datos en discos duros y otros dispositivos de almacenamiento.
- Gestión de Dispositivos: Maneja la comunicación entre la computadora y sus dispositivos periféricos como impresoras, ratones y teclados.
- Interfaz de Usuario: Proporciona una forma para que los usuarios interactúen con la computadora, ya sea mediante una línea de comandos o una interfaz gráfica (GUI).

Tipos de sistemas operativos

Los sistemas operativos pueden clasificarse de varias maneras. Aquí se presentan algunas de las clasificaciones más comunes:

- Monousuario vs Multiusuario:
  - Monousuario: Un solo usuario puede trabajar en la computadora a la vez (ej. MS-DOS).
  - Multiusuario: Permite que varios usuarios trabajen simultáneamente (ej. UNIX, Windows Server).

- Monotarea vs Multitarea:
  - Monotarea: Solo puede ejecutar una tarea a la vez (ej. Palm OS).
  - Multitarea: Puede ejecutar múltiples tareas al mismo tiempo, aumentando la eficiencia (ej. Windows, Linux).
- Sistemas Operativos en Tiempo Real:
- Diseñados para aplicaciones que requieren tiempos de respuesta precisos y predecibles, como sistemas de control industrial o de aviación.

Componentes de un sistema operativo

Un sistema operativo está compuesto por varios componentes clave:

- Núcleo (Kernel): Es el corazón del SO, encargado de gestionar la memoria, los procesos, los dispositivos y las llamadas al sistema.
- Shell: Es la interfaz que permite a los usuarios comunicarse con el núcleo del sistema operativo. Puede ser una línea de comandos (CLI) o una interfaz gráfica (GUI).
- Sistema de Archivos: Administra la creación, eliminación y acceso a archivos en dispositivos de almacenamiento.

Ejemplos de sistemas operativos populares

- Windows: Desarrollado por Microsoft, es el sistema operativo más utilizado en computadoras personales. Ofrece una interfaz gráfica fácil de usar y es compatible con una amplia gama de software.

- MacOS: Desarrollado por Apple, es conocido por su diseño intuitivo y la integración perfecta con otros productos de Apple. Utiliza un núcleo basado en UNIX, lo que le da estabilidad y eficiencia.
- Linux: Un sistema operativo de código abierto, conocido por su flexibilidad y seguridad. Es ampliamente utilizado en servidores y sistemas embebidos.
- Android: Basado en el kernel de Linux, es el sistema operativo más utilizado en dispositivos móviles. Es desarrollado por Google y tiene una gran cantidad de aplicaciones disponibles a través de Google Play Store.

Los sistemas operativos son fundamentales para el funcionamiento de las computadoras y dispositivos móviles. Administran los recursos de hardware y software, proporcionan una interfaz para los usuarios y permiten la ejecución de aplicaciones. A lo largo de los años, los sistemas operativos han evolucionado significativamente, proporcionando cada vez más funcionalidades y mejorando la experiencia del usuario.

5.2. Gestión de procesos

La gestión de procesos es una de las funciones más importantes de un sistema operativo. Un proceso es una instancia de un programa en ejecución, y la administración de estos procesos es crucial para el funcionamiento eficiente de una computadora. El sistema operativo es responsable de la creación, planificación, sincronización y terminación de los procesos. En este documento, exploraremos los conceptos básicos de la gestión de procesos, cómo funcionan, y algunos ejemplos prácticos con ejercicios resueltos.

Un proceso es un programa en ejecución, que incluye el código del programa, sus datos y su estado actual. Los procesos pueden estar en uno de los estados que aparecen a continuación:

Estado	Descripción
Nuevo	El proceso está siendo creado.
En ejecución	El proceso se está ejecutando en la CPU.
Bloqueado	El proceso está esperando algún evento (E/S).
Listo	El proceso está listo para ejecutarse.
Terminado	El proceso ha finalizado su ejecución.

Planificación de procesos

La planificación de procesos es el método que utiliza el sistema operativo para asignar la CPU a los procesos. Existen varios algoritmos de planificación, incluyendo:

La planificación de procesos es un componente crucial de los sistemas operativos que gestiona la ejecución de múltiples procesos en la CPU. Su objetivo principal es maximizar la eficiencia del uso del procesador y garantizar una adecuada respuesta del sistema para los usuarios y aplicaciones. Aquí te explico en detalle los conceptos clave y los algoritmos más comunes utilizados en la planificación de procesos.

Conceptos clave

1. Proceso: Un proceso es un programa en ejecución que incluye el código del programa, sus datos y el estado actual de la ejecución. Cada proceso tiene un ciclo de vida que incluye estados como nuevo, listo, en ejecución, bloqueado y terminado.

2. Hilo (Thread): Un hilo es la unidad básica de ejecución dentro de un proceso. Un proceso puede tener múltiples hilos ejecutándose concurrentemente.

3. Contexto: El contexto de un proceso incluye toda la información que necesita la CPU para ejecutar el proceso, como el contador de programa, los registros y la memoria.

4. Planificador (Scheduler): El componente del sistema operativo responsable de decidir qué proceso se ejecutará a continuación y asignarle tiempo de CPU.

5. Colas de Planificación: Las listas donde se almacenan los procesos en diferentes estados. Las principales colas son la cola de listos, la cola de espera y la cola de terminados.

Objetivos de la planificación

- Maximizar el uso de la CPU: Mantener la CPU lo más ocupada posible.
- Maximizar el rendimiento: Aumentar la cantidad de trabajo completado en un periodo de tiempo.
- Minimizar el tiempo de respuesta: Reducir el tiempo que tarda un proceso en comenzar su ejecución tras ser creado.
- Minimizar el tiempo de espera: Reducir el tiempo que los procesos pasan en la cola de listos.
- Justicia: Asegurar que todos los procesos reciban una cantidad justa de tiempo de CPU.

5.3. Algoritmos de planificación

First-Come, First-Served (FCFS)

- Descripción: Los procesos se ejecutan en el orden en que llegan a la cola de listos.
- Ventajas: Simple de implementar y entender.
- Desventajas: Puede llevar a largos tiempos de espera, especialmente para procesos que requieren poco tiempo de CPU si llegan después de procesos largos (problema de convoy).

Ejemplo:

- Procesos: P1 (24ms), P2 (3ms), P3 (3ms)
- Orden de llegada: P1, P2, P3
- Orden de ejecución: P1, P2, P3

Shortest Job Next (SJN) o Shortest Job First (SJF)

- Descripción: El proceso con el menor tiempo de ejecución estimado se ejecuta primero.
- Ventajas: Minimiza el tiempo promedio de espera.
- Desventajas: Difícil de implementar porque requiere conocer de antemano los tiempos de ejecución. Puede causar inanición (starvation) de procesos largos.

Ejemplo:

- Procesos: P1 (24ms), P2 (3ms), P3 (3ms)
- Orden de ejecución: P2, P3, P1

Round Robin (RR)

- Descripción: Cada proceso recibe un pequeño tiempo de CPU (cuántum) de manera cíclica.
- Ventajas: Justo y eficiente para sistemas de tiempo compartido.
- Desventajas: La elección del tamaño del cuántum es crítica; un cuántum demasiado grande degrada el rendimiento a FCFS, mientras que un cuántum demasiado pequeño aumenta la sobrecarga de cambio de contexto.

Ejemplo:
- Procesos: P1, P2, P3
- Cuántum: 4ms
- Orden de ejecución: P1 (4ms), P2 (4ms), P3 (4ms), P1 (20ms)

Priority Scheduling

- Descripción: Cada proceso tiene una prioridad, y el proceso con la prioridad más alta se ejecuta primero.
- Ventajas: Permite la asignación de CPU basada en la importancia del proceso.
- Desventajas: Puede causar inanición de procesos de baja prioridad. La planificación con prioridades variables puede solucionar este problema.

Ejemplo:
- Procesos: P1 (priority 3), P2 (priority 1), P3 (priority 2)
- Orden de ejecución: P2, P3, P1

Multilevel Queue Scheduling

- Descripción: Los procesos se dividen en diferentes colas según su prioridad, y cada cola tiene su propio algoritmo de planificación.
- Ventajas: Flexibilidad para manejar diferentes tipos de procesos.
- Desventajas: Complejo de implementar y ajustar.

Ejemplo:

- Colas: Interactiva (Round Robin), Batch (FCFS)
- Procesos: P1 (Interactivo), P2 (Batch), P3 (Interactivo)
- Orden de ejecución: P1, P3 (RR), P2 (FCFS)

5.3.1. Estados de los procesos

1. Nuevo: El proceso está siendo creado.
2. Listo: El proceso está preparado para ejecutarse y espera asignación de CPU.
3. En Ejecución: El proceso está siendo ejecutado por la CPU.
4. Bloqueado: El proceso está esperando un evento externo, como la finalización de una operación de E/S.
5. Terminado: El proceso ha completado su ejecución.

Cambio de contexto

El cambio de contexto es el proceso mediante el cual la CPU cambia de ejecutar un proceso a otro. Esto implica almacenar el estado del proceso actual (contexto) y cargar el estado del siguiente proceso. Es una operación costosa en términos de tiempo, por lo que se minimiza su frecuencia.

Ejemplo de planificación

Escenario:
- Tres procesos llegan al sistema con los siguientes tiempos de ejecución: P1 (24ms), P2 (3ms), P3 (3ms)
- Orden de llegada: P1, P2, P3

Planificación FCFS:
- Orden de ejecución: P1 (24ms), P2 (3ms), P3 (3ms)
- Tiempos de espera: P1 (0ms), P2 (24ms), P3 (27ms)
- Tiempo promedio de espera: (0 + 24 + 27) / 3 = 17ms

Planificación SJF:
- Orden de ejecución: P2 (3ms), P3 (3ms), P1 (24ms)
- Tiempos de espera: P2 (0ms), P3 (3ms), P1 (6ms)
- Tiempo promedio de espera: (0 + 3 + 6) / 3 = 3ms

Conclusión

La planificación de procesos es esencial para el funcionamiento eficiente de los sistemas operativos. Los diferentes algoritmos de planificación ofrecen diversos beneficios y desafíos, y la elección del algoritmo adecuado depende del tipo de sistema y los objetivos de rendimiento específicos. En sistemas modernos, se utilizan combinaciones de estos algoritmos para optimizar el rendimiento y la respuesta del sistema.

Sincronización de procesos

La sincronización de procesos es necesaria cuando varios procesos acceden a recursos compartidos. Los mecanismos de sincronización aseguran que los procesos no interfieran entre sí, evitando condiciones de carrera y otros problemas.

Algunos mecanismos comunes de sincronización incluyen:

- Semáforos: Variables especiales utilizadas para controlar el acceso a los recursos compartidos.
- Monitores: Estructuras que permiten que los procesos cooperen de manera controlada.
- Bloqueos (Locks): Utilizados para garantizar que solo un proceso pueda acceder a un recurso en un momento dado.

Comunicación entre procesos

Los procesos a menudo necesitan comunicarse entre sí para compartir datos y coordinar sus acciones. Existen varios métodos de comunicación entre procesos (IPC), tales como:

- Memoria Compartida: Los procesos comparten un área de memoria común.
- Colas de Mensajes: Los procesos envían y reciben mensajes a través de colas administradas por el sistema operativo.
- Pipes: Conexiones unidireccionales utilizadas para la comunicación entre procesos.

5.3.2. Ejercicios resueltos

Ejercicio I: planificación de procesos

Considera tres procesos P1, P2 y P3 que llegan en ese orden. P1 tiene un tiempo de ejecución de 4 unidades, P2 de 2 unidades y P3 de 1 unidad. Utiliza el algoritmo de planificación First-Come, First-Served (FCFS) para determinar el tiempo de espera promedio.

Solución:
- Tiempo de espera de P1: 0 unidades.
- Tiempo de espera de P2: 4 unidades (P1 se ejecuta antes).
- Tiempo de espera de P3: 6 unidades (P1 y P2 se ejecutan antes).
- Tiempo de espera promedio: (0 + 4 + 6) / 3 = 3.33 unidades.

Ejercicio 2: sincronización con semáforos

Imagina que dos procesos, P1 y P2, necesitan acceder a un recurso compartido. Utiliza semáforos para garantizar que solo un proceso acceda al recurso a la vez.

Solución:
1. Inicializa el semáforo a 1 (indica que el recurso está disponible).
2. Cuando un proceso quiere acceder al recurso, realiza una operación wait() en el semáforo. Si el semáforo es 1, se decrementa a 0 y el proceso puede acceder al recurso. Si es 0, el proceso espera.
3. Una vez que el proceso termina de usar el recurso, realiza una operación signal() en el semáforo, incrementándolo a 1.

La gestión de procesos es fundamental para el funcionamiento eficiente de un sistema operativo. Desde la creación y planificación de procesos hasta la sincronización y comunicación entre ellos, el sistema operativo desempeña un papel crucial en la administración de recursos y la ejecución de tareas. Comprender estos conceptos es esencial para cualquier estudiante o profesional de la informática.

5.4. Gestión de memoria

La gestión de la memoria es una de las funciones más críticas de un sistema operativo. Implica la administración eficiente de la memoria principal (RAM) y es crucial para el rendimiento general del sistema. El sistema operativo debe asegurarse de que cada proceso tenga suficiente memoria para ejecutarse correctamente y que los recursos de memoria se utilicen de manera eficiente para evitar problemas como la fragmentación y la falta de memoria. Este documento explora en detalle los conceptos fundamentales y las técnicas empleadas en la gestión de memoria, incluyendo ejercicios prácticos para una mejor comprensión.

Memoria primaria y secundaria

La memoria principal o RAM es donde el sistema operativo carga los programas y datos que están en uso. La memoria secundaria, como discos duros y SSDs, se utiliza para almacenar datos de forma permanente. El sistema operativo gestiona la transferencia de datos entre la memoria principal y la secundaria para asegurar un acceso rápido y eficiente. La memoria primaria es volátil, lo que significa que los datos se pierden cuando el sistema se apaga, mientras que la memoria secundaria es no volátil y retiene los datos almacenados incluso cuando el sistema está apagado.

Memoria virtual

La memoria virtual es una técnica que permite que el sistema operativo utilice espacio en el disco duro como si fuera memoria RAM adicional. Esto se logra dividiendo la memoria física en bloques y asignándolos a diferentes procesos según sea necesario. La memoria virtual permite ejecutar programas que requieren más memoria de la disponible físicamente en el sistema, mejorando así la flexibilidad y eficiencia. Este mecanismo utiliza una tabla de páginas que traduce las direcciones de memoria virtual a direcciones físicas. Además, el uso de memoria virtual permite a los programas creer que tienen acceso continuo a la memoria, cuando en realidad sus partes pueden estar repartidas entre la RAM y el disco duro.

Segmentación y paginación

La segmentación y la paginación son técnicas utilizadas por el sistema operativo para gestionar la memoria de manera eficiente. La segmentación divide la memoria en segmentos de diferentes tamaños según las necesidades de los programas, lo que facilita la protección y la compartición de código y datos. Cada segmento puede crecer o reducirse de forma independiente, lo que permite una gestión más flexible de la memoria. Por otro lado, la paginación divide la memoria en páginas de tamaño fijo que se asignan a los procesos según sea necesario. La paginación elimina la fragmentación externa pero puede introducir fragmentación interna debido al tamaño fijo de las páginas. Ambas técnicas pueden ser combinadas para aprovechar los beneficios de cada una y minimizar sus desventajas.

Gestión de memoria dinámica

La gestión de memoria dinámica es el proceso de asignar y liberar memoria durante la ejecución del programa. Los sistemas operativos modernos utilizan diversas técnicas para la gestión dinámica de la memoria, tales como el heap y el stack. El heap es una región de memoria donde los bloques de memoria se asignan y liberan en un orden arbitrario, mientras que el stack sigue una disciplina LIFO (Last In, First Out) donde los bloques de memoria se asignan y liberan en un orden específico.

Fragmentación de la memoria

La fragmentación de la memoria es un problema común en la gestión de memoria. Se produce cuando hay espacios libres dispersos en la memoria que no se pueden utilizar debido a su tamaño insuficiente para satisfacer las solicitudes de memoria. Existen dos tipos de fragmentación: fragmentación externa y fragmentación interna. La fragmentación externa ocurre cuando los bloques de memoria libre están dispersos en la memoria, mientras que la fragmentación interna ocurre cuando los bloques asignados son más grandes de lo necesario, desperdiciando espacio dentro del bloque asignado.

5.4.1. Ejercicios resueltos

Ejercicio I: cálculo de memoria virtual

Supongamos que un sistema tiene 4 GB de RAM y utiliza un sistema de memoria virtual que permite hasta 16 GB de espacio de direcciones. Calcule la cantidad de memoria virtual utilizada si hay tres programas en ejecución que utilizan 1 GB, 2 GB y 3 GB de memoria virtual respectivamente.

Solución:

La cantidad total de memoria virtual utilizada es la suma de la memoria utilizada por los tres programas: 1 GB + 2 GB + 3 GB = 6 GB.

Ejercicio 2: paginación

En un sistema con paginación, si el tamaño de página es de 4 KB y un proceso necesita 10 KB de memoria, ¿cuántas páginas se asignarán a este proceso?

Solución:

El proceso necesitará 3 páginas de 4 KB cada una. La primera página cubrirá los primeros 4 KB, la segunda página cubrirá los siguientes 4 KB, y la tercera página cubrirá los restantes 2 KB. Por lo tanto, se asignarán 3 páginas.

Ejercicio 3: fragmentación de la memoria

Si un sistema operativo tiene 20 KB de memoria libre dividida en bloques de 4 KB, 4 KB, 2 KB, 6 KB y 4 KB, y un proceso necesita 8 KB de memoria, ¿puede el proceso ser asignado a la memoria libre sin fragmentación?

Solución:

En este caso, la memoria libre no tiene un bloque contiguo de 8 KB, aunque la suma total de memoria libre es 20 KB. Esto es un ejemplo de fragmentación externa. El proceso no puede ser asignado a la memoria libre sin una técnica de gestión que permita la combinación o reorganización de bloques de memoria.

La gestión de la memoria es una función esencial del sistema operativo que impacta directamente en el rendimiento del sistema. Comprender los conceptos básicos de la gestión de la memoria, como la memoria virtual, la segmentación y la paginación, es fundamental para optimizar el uso de los recursos de hardware y mejorar la eficiencia del sistema. Además, la resolución de problemas prácticos relacionados con la gestión de la memoria permite una mejor comprensión y aplicación de estos conceptos en situaciones del mundo real.

5.5. Sistemas de archivos

Un sistema de archivos es una parte integral de un sistema operativo, responsable de gestionar cómo se almacenan y recuperan los datos en un dispositivo de almacenamiento. Los sistemas de archivos organizan los datos en una estructura jerárquica de archivos y directorios, lo que facilita el acceso, la administración y la protección de la información. Este documento está diseñado para estudiantes de ciclo formativo de grado superior y explora en profundidad los conceptos fundamentales, tipos de sistemas de archivos y sus características, junto con ejercicios prácticos.

Estructura de un sistema de archivos

La estructura de un sistema de archivos está compuesta por varios componentes clave: el sector de arranque, el superblock, las tablas de asignación de archivos y los inodos. El sector de arranque contiene el código necesario para iniciar el sistema operativo. El superblock almacena información sobre el sistema de archivos, como el tamaño, el estado y la información de configuración. Las tablas de asignación de archivos, como FAT (File Allocation Table), mantienen un seguimiento de dónde se encuentran los archivos en el disco. Los inodos (index nodes) contienen información sobre los archivos, como el tamaño, los permisos y las fechas de modificación.

Tipos de sistemas de archivos

Existen varios tipos de sistemas de archivos, cada uno con características y aplicaciones específicas. Algunos de los más comunes son:

- FAT32 (File Allocation Table 32): Utilizado principalmente en dispositivos de almacenamiento extraíbles.

Es compatible con una amplia variedad de sistemas operativos, pero tiene limitaciones en el tamaño de archivos y volúmenes.
- NTFS (New Technology File System): Utilizado por Windows. Ofrece soporte para grandes volúmenes, permisos de archivo avanzados, encriptación y compresión.
- EXT4 (Fourth Extended File System): Utilizado por Linux. Soporta grandes volúmenes y tamaños de archivo, ofrece journaling y es altamente eficiente.
- HFS+ (Hierarchical File System Plus): Utilizado por macOS. Soporta características como journaling, permisos avanzados y compresión.
- APFS (Apple File System): El sistema de archivos más reciente de Apple, diseñado para SSDs, ofrece clonación de archivos, snapshots y cifrado mejorado.

5.6. Funciones y características de los sistemas de archivos

Almacenamiento y recuperación de datos

La función principal de un sistema de archivos es almacenar y recuperar datos de manera eficiente y segura. Esto implica la organización de datos en bloques de almacenamiento, la gestión del espacio libre y la garantía de que los datos se escriban y lean de manera coherente.

Permisos y seguridad

Los sistemas de archivos también gestionan los permisos y la seguridad de los archivos. Esto incluye la asignación de permisos de lectura, escritura y ejecución a usuarios y grupos, así como la implementación de mecanismos de seguridad para proteger los datos contra accesos no autorizados.

Integridad y recuperación de datos

Para garantizar la integridad de los datos, los sistemas de archivos utilizan técnicas como el journaling, que registra las operaciones antes de realizarlas, permitiendo la recuperación en caso de fallos del sistema. Además, algunas tecnologías de sistemas de archivos incluyen características de recuperación de datos para restaurar archivos en caso de corrupción o pérdida.

5.6.1. Ejercicios resueltos

Ejercicio I: identificación de tipos de sistemas de archivos

Supongamos que tienes tres dispositivos de almacenamiento: un pendrive, un disco duro externo y una partición de disco en una computadora con Linux. ¿Qué sistema de archivos es más probable que encuentres en cada uno y por qué?

Solución:

1. Pendrive: Es probable que utilice FAT32 debido a su compatibilidad con diferentes sistemas operativos y dispositivos.

2. Disco duro externo: Podría utilizar NTFS si está formateado para Windows o exFAT si se requiere compatibilidad con ambos Windows y macOS.

3. Partición de disco en Linux: Es probable que utilice EXT4, ya que es el sistema de archivos predeterminado para muchas distribuciones de Linux.

Ejercicio 2: recuperación de datos con journaling

Describe cómo el journaling ayuda a recuperar datos en caso de un fallo del sistema y da un ejemplo de un sistema de archivos que utiliza journaling.

Solución:

El journaling ayuda a recuperar datos registrando las operaciones que se realizarán antes de que se apliquen. En caso de un fallo del sistema, el sistema de archivos puede utilizar el journal para restaurar los datos a un estado coherente. Un ejemplo de un sistema de archivos que utiliza journaling es EXT4 en Linux, que registra las transacciones antes de aplicarlas, permitiendo la recuperación rápida y segura de datos en caso de un fallo.

Los sistemas de archivos son una parte fundamental de los sistemas operativos, responsables de la organización, almacenamiento y seguridad de los datos. Comprender los diferentes tipos de sistemas de archivos, sus características y funciones es esencial para administrar y proteger eficazmente la información en un entorno de computación. Los ejercicios prácticos incluidos ayudan a reforzar estos conceptos y a desarrollar habilidades para el manejo de sistemas de archivos en diferentes plataformas.

5.7. Tipos de virtualización

La virtualización de sistemas operativos es una tecnología clave en la computación moderna que permite ejecutar múltiples sistemas operativos en un solo hardware físico. Esta tecnología es fundamental para mejorar la eficiencia, flexibilidad y gestión de los recursos de TI. Este documento está diseñado para estudiantes de ciclo formativo de grado superior y explorará los conceptos fundamentales, beneficios, tipos de virtualización y aplicaciones prácticas de la virtualización de sistemas operativos.

5.7.1. Conceptos básicos de virtualización

¿Qué es la virtualización?

La virtualización es una tecnología que permite crear una representación virtual de recursos físicos, como servidores, almacenamiento y redes. En el contexto de sistemas operativos, la virtualización permite que múltiples sistemas operativos se ejecuten simultáneamente en un único hardware físico, aislados unos de otros.

Hipervisores

Un hipervisor, o monitor de máquina virtual (VMM), es el software que permite la virtualización. Hay dos tipos principales de hipervisores:

- Hipervisor Tipo 1: También conocido como 'baremetal', se ejecuta directamente sobre el hardware físico del host. Ejemplos incluyen VMware ESXi, Microsoft Hyper-V y Xen.

• Hipervisor Tipo 2: Se ejecuta sobre un sistema operativo anfitrión, proporcionando una capa de abstracción adicional. Ejemplos incluyen VMware Workstation, Oracle VM VirtualBox y Parallels Desktop.

5.8. Beneficios de la virtualización

La virtualización ofrece numerosos beneficios, que incluyen:

• Mejor utilización del hardware: Permite utilizar de manera más eficiente los recursos del hardware, ejecutando múltiples sistemas operativos en un solo servidor físico.

• Aislamiento y seguridad: Proporciona aislamiento entre máquinas virtuales, mejorando la seguridad al limitar el impacto de vulnerabilidades y fallos a una única máquina virtual.

• Flexibilidad y gestión: Facilita la gestión de los recursos de TI, permitiendo la rápida implementación y escalado de servicios, así como la migración en caliente de máquinas virtuales entre servidores.

5.9. Tipos de virtualización

Virtualización completa

La virtualización completa utiliza un hipervisor para emular completamente el hardware subyacente, permitiendo que los sistemas operativos invitados se ejecuten sin modificaciones. Este enfoque ofrece un alto nivel de compatibilidad y aislamiento.

Paravirtualización

La paravirtualización modifica los sistemas operativos invitados para que sean conscientes de la virtualización, lo que permite una comunicación más eficiente con el hipervisor. Este enfoque reduce la sobrecarga de rendimiento, pero requiere modificar los sistemas operativos invitados, lo que puede limitar la compatibilidad.

Virtualización a nivel de sistema operativo

Este tipo de virtualización, también conocido como contenedorización, permite ejecutar múltiples entornos de usuario aislados (contenedores) en un solo kernel del sistema operativo. Ejemplos populares incluyen Docker y LXC (Linux Containers). Los contenedores son ligeros y eficientes, pero comparten el mismo kernel del sistema operativo, lo que puede limitar el aislamiento.

5.10. Docker y la contenedorización

Docker es una plataforma de contenedorización que permite a los desarrolladores empaquetar aplicaciones y sus dependencias en contenedores, asegurando que se ejecuten de manera consistente en diferentes entornos. Los contenedores Docker son ligeros y portátiles, lo que facilita su despliegue y escalabilidad.

Beneficios de Docker

Docker ofrece varios beneficios clave:

- Portabilidad: Los contenedores Docker pueden ejecutarse en cualquier sistema que soporte Docker, lo que facilita el movimiento de aplicaciones entre entornos de desarrollo, prueba y producción.

- Eficiencia: Los contenedores comparten el kernel del sistema operativo del host, lo que reduce la sobrecarga y mejora el rendimiento en comparación con las máquinas virtuales tradicionales.

- Aislamiento: Cada contenedor es independiente y aislado de los demás, lo que mejora la seguridad y permite ejecutar múltiples aplicaciones en el mismo host sin conflictos.

5.II. Aplicaciones de la virtualización

Consolidación de servidores

La consolidación de servidores es una de las aplicaciones más comunes de la virtualización. Permite reducir el número de servidores físicos necesarios al consolidar múltiples sistemas operativos y aplicaciones en menos servidores físicos, reduciendo los costos de hardware, energía y administración.

Pruebas y desarrollo

La virtualización facilita un entorno flexible para pruebas y desarrollo de software. Los desarrolladores pueden crear y destruir entornos de prueba rápidamente, probar diferentes configuraciones y sistemas operativos sin necesidad de hardware adicional.

Recuperación ante desastres

La virtualización mejora la recuperación ante desastres al permitir la copia y migración de máquinas virtuales entre diferentes ubicaciones geográficas. Esto asegura la continuidad del negocio en caso de fallos del hardware o desastres naturales.

5.12. Ejercicios resueltos

Ejercicio 1: Identificación de tipos de hipervisores

Supongamos que tienes un servidor físico que deseas utilizar para ejecutar múltiples sistemas operativos para un entorno de prueba. ¿Qué tipo de hipervisor elegirías y por qué?

Solución:

Elegiría un hipervisor Tipo 1, como VMware ESXi o Microsoft Hyper-V, porque se ejecutan directamente sobre el hardware físico del servidor, proporcionando un mejor rendimiento y eficiencia en la utilización de recursos.

Ejercicio 2: ventajas de la virtualización en desarrollo de software

Describe cómo la virtualización puede beneficiar a un equipo de desarrollo de software que necesita probar aplicaciones en múltiples sistemas operativos.

Solución:

La virtualización permite a los desarrolladores crear entornos de prueba aislados y configurables rápidamente. Pueden probar aplicaciones en diferentes sistemas operativos sin necesidad de múltiples hardware físico, ahorrando tiempo y costos. Además, facilita la clonación de entornos para pruebas repetitivas y la creación de snapshots para revertir cambios rápidamente.

Ejercicio 3: implementación de contenedores

Explica las ventajas y desventajas de utilizar contenedores en lugar de máquinas virtuales tradicionales en un entorno de producción.

Solución:

Ventajas de los contenedores:

- Ligeros y rápidos de iniciar y detener.
- Mejor utilización de recursos debido a la falta de hipervisor adicional.
- Portabilidad y consistencia a través de diferentes entornos.

Desventajas de los contenedores:

- Menor aislamiento en comparación con las máquinas virtuales tradicionales.
- Comparten el mismo kernel, lo que puede ser una limitación en términos de seguridad y compatibilidad.

En resumen, los contenedores son ideales para aplicaciones que requieren despliegue rápido y escalabilidad, mientras que las máquinas virtuales tradicionales ofrecen mejor aislamiento y flexibilidad para diferentes sistemas operativos.

La virtualización de sistemas operativos es una tecnología esencial en la infraestructura de TI moderna. Ofrece numerosos beneficios, como la mejor utilización de recursos, aislamiento, flexibilidad y facilidad de gestión. Con el avance de tecnologías como Docker, la virtualización se ha vuelto más accesible y eficiente, permitiendo a los desarrolladores y administradores de sistemas optimizar sus entornos de trabajo y mejorar la seguridad y el rendimiento de sus aplicaciones.

Capítulo 6.

Instalación Linux

Instalar Linux, específicamente la distribución Ubuntu, es una excelente manera de iniciarse en el mundo del software de código abierto. Ubuntu es conocido por su facilidad de uso y su comunidad activa, lo que lo convierte en una opción popular tanto para principiantes como para usuarios experimentados. Esta guía te llevará paso a paso a través del proceso de instalación de Ubuntu en tu computadora, cubriendo todos los aspectos necesarios para una instalación exitosa.

6.1. Requisitos previos

Verificación del hardware

Antes de comenzar con la instalación de Ubuntu, es importante verificar que tu hardware cumpla con los requisitos mínimos para ejecutar el sistema operativo de manera eficiente. Los requisitos mínimos para Ubuntu son:

- Procesador de 2 GHz o superior.
- 4 GB de RAM (se recomienda 8 GB para un rendimiento óptimo).
- 25 GB de espacio libre en el disco duro.
- Unidad USB con al menos 4 GB de capacidad para la creación del USB de arranque.
- Conexión a Internet (opcional pero recomendable para actualizaciones y descarga de software).

Respaldo de datos

Es crucial realizar una copia de seguridad de todos tus datos importantes antes de proceder con la instalación. Este proceso puede implicar la eliminación de datos existentes en tu disco duro, por lo que una copia de seguridad te protegerá contra la pérdida de información.

Descarga de Ubuntu

Visita el sitio web oficial de Ubuntu (https://ubuntu. com/download) y descarga la versión más reciente de Ubuntu. Puedes optar por la versión LTS (Long Term Support) si prefieres un soporte extendido y estabilidad.

Creación de un USB de arranque

Para crear un USB de arranque, necesitarás un software de creación de medios como Rufus (para Windows) o Etcher (para Windows, macOS y Linux). A continuación, te mostramos cómo hacerlo con Rufus:

1. Descarga e instala Rufus desde https://rufus.ie/.
2. Inserta tu unidad USB en el puerto USB de tu computadora.
3. Abre Rufus y selecciona tu unidad USB en el campo "Device".
4. Haz clic en "SELECT" y elige el archivo ISO de Ubuntu que descargaste.
5. Haz clic en "START" y sigue las instrucciones para completar el proceso de creación del USB de arranque.

6.2. Configuración de BIOS/UEFI

Acceso a la Configuración de BIOS/UEFI

Para arrancar desde el USB de instalación, debes acceder a la configuración de BIOS/UEFI de tu computadora. Esto se hace generalmente presionando una tecla específica durante el arranque, como F2, F12, ESC o DEL, dependiendo del fabricante de tu placa base.

Configuración del arranque desde USB

Dentro de la configuración de BIOS/UEFI, busca la sección de "Boot" o "Arranque" y establece la prioridad de arranque para que la unidad USB sea la primera en la lista. Guarda los cambios y reinicia tu computadora.

6.3. Proceso de instalación

Inicio desde el usb de arranque

1. Inserta el USB de arranque en tu computadora y enciéndela.
2. Si configuraste correctamente el arranque desde USB, verás la pantalla de bienvenida de Ubuntu.

Selección de idioma e instalación

1. Selecciona tu idioma preferido y haz clic en "Instalar Ubuntu".
2. Elige tu disposición de teclado y haz clic en "Continuar".

Configuración de red

1. Conéctate a una red Wi-Fi si es necesario. Esto es opcional, pero recomendable para descargar actualizaciones durante la instalación.

Particionamiento del disco

1. Elige el tipo de instalación. Si deseas una instalación limpia, selecciona "Borrar disco e instalar Ubuntu". Si prefieres un particionamiento manual, selecciona "Más opciones".
2. Si seleccionas "Más opciones", crea y configura las particiones según tus necesidades. Al menos necesitarás una partición raíz (/) y una partición de intercambio (swap).

Instalación del sistema

1. Revisa el resumen de instalación y haz clic en "Instalar ahora".
2. Sigue las instrucciones en pantalla para completar el proceso de instalación.

Configuración inicial

1. Introduce tu nombre, nombre de usuario, y contraseña.
2. Elige si deseas iniciar sesión automáticamente o requerir una contraseña.

6.4. Post-instalación

Actualización del sistema

1. Abre una terminal y ejecuta los siguientes comandos para actualizar el sistema:

```
$ sudo apt update
$ sudo apt upgrade
```

Instalación de controladores adicionales

1. Abre "Software y actualizaciones" desde el menú de configuración.
2. Ve a la pestaña "Controladores adicionales" y selecciona los controladores recomendados.

Personalización del entorno de escritorio

1. Explora las opciones de personalización en la configuración del sistema para ajustar el aspecto y comportamiento del escritorio a tu gusto.

Instalación de software adicional

1. Abre la "Tienda de Software de Ubuntu" y busca aplicaciones que desees instalar, como navegadores web, reproductores multimedia, y herramientas de productividad.

6.5. Solución de Problemas Comunes

Problemas de arranque

1. Si tu computadora no arranca correctamente después de la instalación, intenta acceder a las opciones avanzadas de arranque desde el menú de GRUB y selecciona "Recuperación".

Problemas de red

1. Si tienes problemas para conectarte a Internet, verifica la configuración de red en "Configuración del

sistema" y asegúrate de que los controladores de red estén instalados correctamente.

Problemas de hardware

1. Para problemas específicos de hardware, consulta la documentación oficial de Ubuntu y busca soluciones en la comunidad de usuarios.

Conclusión

Instalar Ubuntu es un proceso relativamente sencillo que ofrece numerosos beneficios, incluyendo un sistema operativo seguro, estable y de código abierto. Siguiendo esta guía, deberías poder instalar y configurar Ubuntu en tu computadora con facilidad. No olvides explorar la amplia gama de software y herramientas disponibles en la comunidad de Ubuntu para aprovechar al máximo tu nueva instalación.

¡Buena suerte y bienvenido al mundo de Linux!

Capítulo 7.

Gestión de la información en Linux

La gestión de información en Linux es un aspecto crucial para asegurar el rendimiento, la seguridad y la eficiencia de un sistema. En Ubuntu, una de las distribuciones más populares de Linux, existen numerosas herramientas y prácticas que facilitan la gestión de archivos, la automatización de tareas y la seguridad de la información. Esta guía abarca desde los fundamentos hasta técnicas avanzadas para gestionar la información en sistemas Ubuntu.

7.1. Fundamentos

Conceptos básicos

En Linux, la gestión de información se basa en una estructura de directorios jerárquica, donde todo se considera un archivo, incluyendo dispositivos y procesos. Esta estructura facilita la organización y acceso a los datos.

- Sistema de Archivos: El sistema de archivos en Linux es el componente que permite almacenar, organizar y acceder a los datos. Los sistemas de archivos comunes en Ubuntu incluyen ext4, Btrfs y XFS.

Sistema de archivos en Linux

El sistema de archivos ext4 es el más utilizado en Ubuntu debido a su balance entre rendimiento y fiabilidad. Otros sistemas de archivos, como Btrfs y XFS, ofrecen características avanzadas como snapshots y mejor rendimiento en ciertas condiciones.

```
# Mostrar el uso del sistema de archivos
df -h
# Mostrar el tipo de sistema de archivos
lsblk -f
```

7.2. Comandos básicos para la gestión de archivos

Navegación de directorios

Para navegar por los directorios en Linux, se utilizan comandos de línea de comandos. Estos comandos permiten moverse entre directorios, listar su contenido y obtener información sobre los archivos.

- cd: Cambiar de directorio.
- ls: Listar archivos y directorios.

```
# Cambiar al directorio /home
cd /home
# Listar archivos en el directorio actual
ls -l
```

Manipulación de archivos y directorios

Manipular archivos y directorios implica copiar, mover, renombrar y eliminar. Los comandos básicos para estas tareas son:

- cp: Copiar archivos y directorios.
- mv: Mover o renombrar archivos y directorios.
- rm: Eliminar archivos y directorios.

```
# Copiar un archivo
cp archivo.txt /ruta/destino/
# Mover un archivo
mv archivo.txt /nueva/ruta/
# Eliminar un archivo
rm archivo.txt
```

7.3. Herramientas y utilidades de gestión de información

Gestores de archivos gráficos

En Ubuntu, los gestores de archivos gráficos como Nautilus proporcionan una interfaz amigable para la gestión de archivos, permitiendo realizar operaciones comunes con clics del ratón.

Utilidades de línea de comandos

Además de los comandos básicos, existen utilidades avanzadas para la gestión de información:

- rsync: Herramienta para sincronización de archivos.
- find: Utilidad para buscar archivos y directorios.

```
# Sincronizar archivos entre directorios
rsync -av /ruta/origen/ /ruta/destino/
# Buscar archivos por nombre
find /ruta -name "archivo*.txt"
```

7.4. Gestión de permisos y seguridad

Sistema de permisos en linux

Linux utiliza un sistema de permisos para controlar el acceso a archivos y directorios. Cada archivo tiene permisos asignados para el propietario, el grupo y otros usuarios.

Comandos para gestionar permisos

• chmod: Cambiar los permisos de un archivo.

• chown: Cambiar el propietario de un archivo.

```
# Cambiar los permisos de un archivo a
'rwxr-xr--'
chmod 754 archivo.txt
# Cambiar el propietario de un archivo a
'usuario'
chown usuario archivo.txt
```

7.5. Automatización de tareas

Scripts de bash

Los scripts de bash permiten automatizar tareas repetitivas mediante la creación de secuencias de comandos que se ejecutan en la terminal.

```
#!/bin/bash
# Script para realizar una copia de segu-
ridad
# Definir variables
ORIGEN="/ruta/origen"
DESTINO="/ruta/destino"
# Copiar archivos
cp -r $ORIGEN $DESTINO
```

Programación de tareas con Cron

Cron es un servicio de Linux que permite programar la ejecución de tareas en intervalos de tiempo definidos.

```
# Editar el archivo crontab
crontab -e
# Programar una tarea para que se ejecute
todos los días a las 2:00 AM
0 2 * * * /ruta/al/script.sh
```

7.6. Respaldo y recuperación

Herramientas de respaldo

Las herramientas de respaldo permiten crear copias de seguridad de los datos para protegerlos contra pérdida o corrupción. Algunas herramientas populares en Ubuntu incluyen Deja Dup y rsnapshot.

Estrategias de recuperación

Es importante tener un plan de recuperación en caso de pérdida de datos. Esto incluye tener copias de seguridad actualizadas y procedimientos claros para restaurar los datos.

7.7. Monitoreo y optimización

Comandos de monitoreo

El monitoreo del sistema es crucial para mantener su rendimiento y detectar problemas. Comandos útiles incluyen:

- top: Monitorea el uso de recursos en tiempo real.
- df: Muestra el uso del disco.

• free: Muestra el uso de memoria.

```
# Monitorear el uso de recursos
top
# Mostrar el uso del disco
df -h
# Mostrar el uso de memoria
free -h
```

Herramientas de optimización

Herramientas como htop y iotop proporcionan interfaces más avanzadas para el monitoreo y optimización del sistema.

7.8. Gestión de información en redes

Compartición de archivos en red

La compartición de archivos en red permite acceder y gestionar archivos en diferentes dispositivos conectados a la misma red. Samba es una herramienta popular para este propósito en Ubuntu.

```
# Instalar Samba
sudo apt install samba
# Configurar un recurso compartido
sudo nano /etc/samba/smb.conf
# Agregar configuración para compartir un
directorio
[recurso]
path = /ruta/al/directorio
```

```
read only = no
browsable = yes
```

Servicios de red para gestión de información

Además de Samba, existen otros servicios de red como NFS (Network File System) y FTP (File Transfer Protocol) que facilitan la gestión de información a través de la red.

Una gestión eficiente de la información en Ubuntu implica conocer y utilizar una variedad de herramientas y comandos. Desde la navegación y manipulación de archivos hasta la automatización de tareas y la compartición de archivos en red, Ubuntu ofrece múltiples opciones para mantener tus datos organizados, seguros y accesibles. Implementar buenas prácticas de gestión de información no solo mejora la eficiencia, sino que también asegura la integridad y disponibilidad de los datos.

Capítulo 8.

Configuración Linux

8.1. Administración de usuarios

8.1.1. Creación de usuarios

Para crear un nuevo usuario, utiliza el comando `adduser` seguido del nombre de usuario:

```
sudo adduser nombre_usuario
```

Configura la contraseña y completa la información solicitada.

8.1.2. Administración de grupos

Los grupos se utilizan para organizar y administrar permisos. Para crear un nuevo grupo:

```
sudo groupadd nombre_grupo
```

Para agregar un usuario a un grupo:

```
sudo usermod -aG nombre_grupo nombre_usuario
```

8.1.3. Permisos de archivos

Los permisos en Linux se dividen en lectura (r), escritura (w) y ejecución (x). Para cambiar los permisos de un archivo o directorio:

```
sudo chmod permisos nombre_archivo
```

Por ejemplo, para otorgar permisos de lectura y escritura al usuario y solo lectura al grupo y otros:

```
sudo chmod 644 nombre_archivo
```

Para cambiar el propietario de un archivo o directorio:

```
sudo chown usuario:grupo nombre_archivo
```

8.2. Gestión de paquetes

Las distribuciones de Linux utilizan diferentes gestores de paquetes para instalar, actualizar y eliminar software. Los más comunes son `apt` para Debian/Ubuntu y `yum` o `dnf` para Red Hat/CentOS.

8.2.1. Instalación de software

Para instalar un paquete usando `apt`:

```
sudo apt update
sudo apt install nombre_paquete
```

Para instalar un paquete usando `yum`:

```
sudo yum install nombre_paquete
```

8.2.2. Actualización de software

Para actualizar los paquetes instalados usando `apt`:

```
sudo apt update
sudo apt upgrade
```

Para actualizar los paquetes instalados usando `yum`:

```
sudo yum update
```

8.2.3. Eliminación de software

Para eliminar un paquete usando `apt`:

```
sudo apt remove nombre_paquete
```

Para eliminar un paquete usando `yum`:

```
sudo yum remove nombre_paquete
```

8.3. Configuración de red

8.3.1. Configuración de interfaces de red

La configuración de red en Linux se puede realizar manualmente editando archivos de configuración o utilizando herramientas de administración de red. En distribuciones basadas en Debian, las configuraciones de red se encuentran en el archivo `/etc/network/interfaces` o en el archivo `/etc/netplan/*.yaml` para sistemas más nuevos.

8.3.2. Configuración estática

Para configurar una dirección IP estática, edita el archivo de configuración correspondiente:

```
sudo nano /etc/network/interfaces
```

Añade la configuración de la interfaz de red:

```
auto eth0
iface eth0 inet static
address 192.168.1.100
netmask 255.255.255.0
gateway 192.168.1.1
```

8.3.3. Configuración DHCP

Para configurar una interfaz para usar DHCP, edita el archivo de configuración correspondiente:

```
sudo nano /etc/network/interfaces
```

Añade la configuración de la interfaz de red:

```
auto eth0
iface eth0 inet dhcp
```

8.3.4. Configuración de DNS

Los servidores DNS se configuran en el archivo `/etc/resolv.conf`:

```
sudo nano /etc/resolv.conf
```

Añade los servidores DNS:

```
nameserver 8.8.8.8
nameserver 8.8.4.4
```

8.3.5. Comprobación de la conectividad de red

Para comprobar la conectividad de red, utiliza el comando `ping`:

```
ping google.com
```

8.4. Seguridad básica

8.4.1. Configuración del firewall

Linux utiliza `iptables` o `firewalld` para gestionar las reglas del firewall. Para configuraciones básicas, `ufw` (Uncomplicated Firewall) es una herramienta fácil de usar.

8.5. Introducción a los scripts de Bash

Los scripts de Bash son archivos de texto que contienen una serie de comandos que se ejecutan secuencialmente.

8.5.1. Creación de un script básico

Crea un nuevo archivo de script:

```
nano mi_script.sh
Añade los siguientes contenidos al script:
#!/bin/bash
echo "Hola, mundo!"
```

8.5.2. Ejecutar un script de bash

Haz que el script sea ejecutable:

```
chmod +x mi_script.sh
Ejecuta el script:
./mi_script.sh
```

8.5.3. Variables en Bash

Declara una variable y usa su valor:

```
nombre="Juan"
echo "Hola, $nombre!"
```

8.5.4. Condicionales en Bash

Utiliza declaraciones `if` para condiciones:

```
if [ "$nombre" == "Juan" ]; then
echo "Hola, Juan!"
else
echo "Hola, desconocido!"
fi
```

8.5.5. Bucles en Bash

Utiliza bucles `for` y `while` para repetir tareas:

```
for i in 1 2 3 4 5; do
echo "Número $i"
```

```
done
contador=1
while [ $contador -le 5 ]; do
echo "Contador $contador"
contador=$((contador + 1))
done
```

8.6. Seguridad avanzada

8.6.1. Configuración de SELinux

SELinux (Security-Enhanced Linux) es una arquitectura de seguridad que proporciona control de acceso obligatorio. Está disponible en distribuciones como CentOS y Red Hat.

8.6.2. Estado de SELinux

Comprueba el estado de SELinux:

```
sudo sestatus
```

8.6.3. Habilitar y deshabilitar SELinux

Edita el archivo de configuración `/etc/selinux/config` para habilitar o deshabilitar SELinux:

```
sudo nano /etc/selinux/config
```

Para habilitar:

```
SELINUX=enforcing
```

Para deshabilitar:

```
SELINUX=disabled
```

8.6.4. Configuración de AppArmor

AppArmor es una herramienta de control de acceso similar a SELinux, disponible en distribuciones como Ubuntu.

8.6.5. Estado de AppArmor

Comprueba el estado de AppArmor:

```
sudo aa-status
```

8.6.6. Habilitar y deshabilitar AppArmor

Habilita AppArmor:

```
sudo systemctl enable apparmor
sudo systemctl start apparmor
```

Deshabilita AppArmor:

```
sudo systemctl stop apparmor
sudo systemctl disable apparmor
```

8.6.7. Creación y gestión de perfiles AppArmor

Crea un perfil AppArmor para una aplicación específica utilizando `aa-genprof`:

```
sudo aa-genprof /ruta/a/la/aplicacion
```

8.7. Copias de seguridad y recuperación

8.7.1. Copias de seguridad con rsync

`rsync` es una herramienta poderosa para realizar copias de seguridad y sincronización de archivos.

8.7.2. Comando básico de rsync

Copia de seguridad de un directorio a otro:

```
rsync -av /ruta/directorio_origen /ruta/
directorio_destino
```

8.7.3. Copia de seguridad remota

Realiza una copia de seguridad en un servidor remoto:

```
rsync -av /ruta/directorio_origen usuario@
servidor_remoto:/ruta/directorio_destino
```

8.7.4. Restauración de archivos con rsync

Restaura archivos desde una copia de seguridad:

```
rsync -av usuario@servidor_remoto:/ruta/
directorio_origen /ruta/directorio_destino
```

8.7.5. Copias de seguridad programadas con cron

Programa copias de seguridad automáticas utilizando `cron`.

8.7.6. Editar Crontab

Abre el archivo crontab:

```
crontab -e
```

Añade una tarea programada para ejecutar rsync diariamente:

```
0 2 * * * rsync -av /ruta/directorio_ori-
gen /ruta/directorio_destino
```

Capítulo 9.

Introducción a la redes

En la era de la información, las redes de computadoras son fundamentales para la comunicación y el intercambio de datos a nivel global. Desde la conexión de dispositivos en una pequeña oficina hasta la interconexión de continentes enteros a través de Internet, las redes hacen posible que la información fluya rápidamente y de manera segura. Este texto está diseñado para estudiantes de un ciclo formativo de grado superior, proporcionando una visión detallada y comprensiva de los conceptos básicos y avanzados de las redes de computadoras, su arquitectura, tipos, protocolos, dispositivos, seguridad, gestión y tendencias futuras.

9.1. Conceptos básicos de redes

9.1.1. Definición

Una red de computadoras es un conjunto de dispositivos interconectados que comparten recursos y datos. Estos dispositivos pueden incluir computadoras, servidores, impresoras y otros equipos de red. La interconexión se realiza mediante medios de transmisión, como cables de cobre, fibra óptica o enlaces inalámbricos. La finalidad de una red es permitir la comunicación y la transferencia de datos entre los dispositivos conectados.

Tipos de redes

Las redes se clasifican según varios criterios, como su tamaño, topología y tecnología de conexión. A continuación, se describen los principales tipos de redes:

LAN (Local Area Network)

Una red de área local (LAN) es una red que abarca un área geográfica limitada, como una oficina, un edificio o un campus. Las LANs son ideales para conectar computadoras y otros dispositivos dentro de una misma organización. Suelen tener altas velocidades de transmisión de datos y permiten compartir recursos como impresoras y archivos.

WAN (Wide Area Network)

Una red de área amplia (WAN) es una red que cubre grandes distancias, conectando diferentes ciudades, países o incluso continentes. Internet es el ejemplo más grande y conocido de una WAN. Las WANs utilizan diversas tecnologías de comunicación, como enlaces satelitales y cables submarinos, para conectar las redes locales y metropolitanas en una red global.

MAN (Metropolitan Area Network)

Una red de área metropolitana (MAN) es una red que cubre una ciudad o una gran área urbana. Las MANs son más grandes que las LANs pero más pequeñas que las WANs, y se utilizan para conectar varias LANs dentro de una ciudad. Estas redes son típicas en campus universitarios o grandes organizaciones con múltiples edificios en una misma ciudad.

PAN (Personal Area Network)

Una red de área personal (PAN) es una red utilizada para la comunicación entre dispositivos personales, como teléfonos móviles, tabletas, computadoras portátiles y otros dispositivos personales. Las PANs suelen utilizar tecnologías inalámbricas como Bluetooth y Wi-Fi para conectar los dispositivos a corta distancia.

9.1.2. Topologías de red

La topología de red se refiere a la disposición física o lógica de los dispositivos en una red. Las topologías más comunes son:

Estrella

En una topología de estrella, todos los dispositivos están conectados a un nodo central, generalmente un switch o un hub. Esta configuración es fácil de instalar y gestionar, ya que el nodo central actúa como un punto de control para todo el tráfico de la red. Sin embargo, la dependencia del nodo central puede ser una desventaja, ya que una falla en este nodo puede afectar a toda la red.

Bus

En una topología de bus, todos los dispositivos comparten un único cable de comunicación. Esta configuración es simple y económica, pero tiene desventajas como la posibilidad de colisiones de datos y la dependencia de un solo cable. Si el cable falla, toda la red puede verse afectada.

Anillo

En una topología de anillo, los dispositivos están conectados en un bucle cerrado. Cada dispositivo tiene dos vecinos, y los datos viajan en una dirección, pasando por cada dispositivo hasta llegar a su destino. Esta configuración es eficiente para el manejo del tráfico, pero una falla en un solo dispositivo puede interrumpir toda la red.

Malla

En una topología de malla, cada dispositivo está conectado a varios otros dispositivos, proporcionando múltiples caminos para los datos. Esta configuración es altamente fiable, ya que proporciona redundancia y evita puntos únicos de fallo. Sin embargo, es costosa y compleja de implementar debido a la gran cantidad de conexiones necesarias.

9.2. Arquitectura de redes

Modelo OSI

El modelo OSI (Open Systems Interconnection) es un marco de referencia para la comunicación en redes de computadoras. Este modelo divide el proceso de comunicación en siete capas, cada una de las cuales realiza funciones específicas y se comunica con las capas adyacentes. A continuación, se describe cada capa del modelo OSI:

Capa física

La capa física es la primera capa del modelo OSI y se encarga de la transmisión y recepción de señales crudas sobre un medio físico. Esta capa incluye especificaciones sobre cables, conectores, voltajes y frecuencias. Ejemplos de dispositivos que operan en esta capa son los repetidores y concentradores.

Capa de enlace de datos

La capa de enlace de datos proporciona transferencia de datos libre de errores entre dos nodos conectados directamente. Esta capa se subdivide en dos subcapas: la subcapa de control de acceso al medio (MAC) y la subcapa de control de enlace lógico (LLC). La capa de enlace de datos se encarga de la dirección física (dirección MAC) y de la detección y corrección de errores.

Capa de red

La capa de red es responsable del enrutamiento de los datos entre diferentes redes y de gestionar las direcciones IP. Esta capa decide la mejor ruta para los datos desde el origen hasta el destino. Los routers son dispositivos que operan en esta capa.

Capa de transporte

La capa de transporte proporciona transferencia de datos fiable y asegura la integridad de los datos mediante protocolos como el Protocolo de Control de Transmisión (TCP) y el Protocolo de Datagramas de Usuario (UDP). TCP garantiza la entrega de datos sin errores y en el orden correcto, mientras que UDP proporciona una transferencia rápida pero no garantiza la entrega.

Capa de sesión

La capa de sesión gestiona las sesiones de comunicación entre aplicaciones. Esta capa establece, gestiona y termina las conexiones entre aplicaciones en diferentes dispositivos. También proporciona mecanismos para la sincronización y el control de diálogos.

Capa de presentación

La capa de presentación se encarga de traducir los datos entre el formato de la red y el formato comprendido por la aplicación. Esta capa se ocupa de la codificación, cifrado y compresión de datos. Por ejemplo, esta capa convierte los datos de caracteres ASCII a EBCDIC si es necesario.

Capa de aplicación

La capa de aplicación proporciona servicios de red directamente a las aplicaciones de usuario. Esta capa incluye protocolos y servicios como HTTP, FTP, SMTP y Telnet. La capa de aplicación es la interfaz entre las aplicaciones de usuario y los servicios de red.

Modelo TCP/IP

El modelo TCP/IP es una simplificación del modelo OSI y es el marco de referencia más utilizado para la comunicación en redes de computadoras. Este modelo consta de cuatro capas, cada una de las cuales realiza funciones específicas. A continuación, se describen las capas del modelo TCP/IP:

Capa de acceso a la red

La capa de acceso a la red combina las capas Física y de Enlace de Datos del modelo OSI. Esta capa se encarga de la transmisión de datos entre el dispositivo de red y el medio de transmisión físico. Incluye especificaciones sobre el hardware de red y la gestión de la dirección MAC.

Capa de internet

La capa de Internet es equivalente a la Capa de Red del modelo OSI y maneja la comunicación entre diferentes redes. Esta capa utiliza direcciones IP para enrutar los datos desde el origen hasta el destino y se encarga de la fragmentación y reensamblaje de paquetes. El Protocolo de Internet (IP) es el protocolo principal en esta capa.

Capa de transporte

La capa de transporte proporciona transferencia de datos fiable mediante el Protocolo de Control de Transmisión (TCP) o la transferencia rápida mediante el Protocolo de Datagramas de Usuario (UDP). TCP garantiza la entrega de datos sin errores y en el orden correcto, mientras que UDP proporciona una transferencia rápida pero no garantiza la entrega.

Capa de aplicación

La capa de aplicación combina las capas de Sesión, Presentación y Aplicación del modelo OSI y proporciona servicios de red directamente a las aplicaciones de usuario. Esta capa incluye protocolos como HTTP, FTP, SMTP y Telnet, que permiten la comunicación entre aplicaciones en diferentes dispositivos.

9.3. Protocolos de red

Los protocolos de red son reglas y estándares que permiten la comunicación entre dispositivos en una red. Estos protocolos definen cómo se formatean, transmiten y reciben los datos en la red. A continuación, se describen algunos de los protocolos de red más importantes:

TCP/IP

El Protocolo de Control de Transmisión (TCP) y el Protocolo de Internet (IP) son los pilares de Internet. TCP proporciona una conexión fiable y garantiza la entrega de datos sin errores, en el orden correcto y sin duplicaciones. IP, por otro lado, maneja el direccionamiento y enrutamiento de los paquetes de datos, asegurando que los datos lleguen a su destino.

HTTP/HTTPS

El Protocolo de Transferencia de Hipertexto (HTTP) se utiliza para transferir páginas web en Internet. Permite la comunicación entre los navegadores web y los servidores web. HTTPS es una versión segura de HTTP que utiliza el Protocolo de Capa de Conexión Segura (SSL) o el Protocolo de Seguridad de la Capa de Transporte (TLS) para cifrar la comunicación entre el navegador y el servidor, garantizando la privacidad e integridad de los datos.

FTP/SFTP

El Protocolo de Transferencia de Archivos (FTP) permite la transferencia de archivos entre computadoras en una red. Este protocolo es utilizado comúnmente para cargar y descargar archivos en servidores web. SFTP (SSH File Transfer Protocol) es una versión segura de FTP que utiliza el Protocolo Secure Shell (SSH) para cifrar la transferencia de archivos, protegiendo los datos durante el proceso de transmisión.

SMTP/IMAP/POP3

Estos protocolos se utilizan para el correo electrónico. SMTP (Protocolo Simple de Transferencia de Correo) se utiliza para enviar correos electrónicos desde el cliente de correo al servidor de correo y entre servidores de correo. IMAP (Protocolo de Acceso a Mensajes de Internet) y POP3 (Protocolo de Oficina de Correos) se utilizan para recibir correos electrónicos desde el servidor de correo. IMAP permite acceder y gestionar los correos electrónicos directamente en el servidor, mientras que POP3 descarga los correos al dispositivo del usuario y los elimina del servidor.

DNS

El Sistema de Nombres de Dominio (DNS) traduce los nombres de dominio legibles por humanos, como www.ejemplo.com, en direcciones IP, que son utilizadas por los dispositivos para localizar recursos en la red. DNS es esencial para la navegación en Internet, ya que facilita el acceso a sitios web y otros servicios mediante nombres de dominio en lugar de direcciones IP numéricas.

9.4. Dispositivos de red

Routers

Los routers son dispositivos que dirigen el tráfico de datos entre diferentes redes. Utilizan tablas de enrutamiento y protocolos de enrutamiento, como OSPF (Open Shortest Path First) y BGP (Border Gateway Protocol), para determinar la mejor ruta para los paquetes de datos. Los routers operan en la capa de red del modelo OSI y son esenciales para la comunicación entre redes LAN y WAN.

Switches

Los switches conectan dispositivos dentro de una misma red local (LAN). Funcionan en la capa de enlace de datos del modelo OSI y utilizan direcciones MAC para dirigir los datos al dispositivo correcto. A diferencia de los hubs, los switches envían datos solo al dispositivo destinatario, lo que mejora la eficiencia de la red y reduce las colisiones.

Hubs

Los hubs son dispositivos de red simples que conectan varios dispositivos en una red. A diferencia de los switches, los hubs envían los datos a todos los dispositivos conectados, lo que puede generar colisiones y reducir la eficiencia de la red. Los hubs operan en la capa física del modelo OSI y son menos comunes en redes modernas debido a sus limitaciones.

Access Points

Los puntos de acceso (AP) permiten que los dispositivos inalámbricos se conecten a una red cableada, creando una red inalámbrica (WLAN). Funcionan como un puente entre la red cableada y los dispositivos inalámbricos, facilitando la conexión a Internet y otros recursos de red sin necesidad de cables físicos.

Firewalls

Los firewalls son dispositivos de seguridad que controlan el tráfico entrante y saliente de una red. Pueden ser hardware o software y se utilizan para proteger la red de accesos no autorizados y ataques cibernéticos. Los firewalls operan en múltiples capas del modelo OSI, inspeccionando los paquetes de datos y aplicando políticas de seguridad para permitir o bloquear el tráfico.

9.5. Seguridad en redes

Amenazas comunes

Las redes están expuestas a diversas amenazas que pueden comprometer la seguridad y la integridad de los datos. Algunas de las amenazas más comunes incluyen:

Malware

El malware es un término general que incluye varios tipos de programas maliciosos, como virus, gusanos, troyanos, ransomware y spyware. El malware puede dañar el sistema, robar información, cifrar archivos y pedir un rescate, o espiar la actividad del usuario.

Phishing

El phishing es una técnica de ingeniería social utilizada para engañar a los usuarios y obtener información confidencial, como contraseñas y datos bancarios. Los atacantes suelen utilizar correos electrónicos falsos que parecen ser de fuentes legítimas para engañar a los usuarios.

Ataques de Denegación de Servicio (DoS)

Los ataques de denegación de servicio (DoS) buscan interrumpir el servicio de una red inundándola con tráfico excesivo. Estos ataques pueden saturar los recursos de la red, haciendo que los servicios sean inaccesibles para los usuarios legítimos.

Intercepción de datos

La intercepción de datos ocurre cuando un atacante accede no autorizado a la información que se transmite por la red. Esto puede incluir el espionaje de comunicaciones, el robo de datos sensibles y la alteración de información.

Técnicas de seguridad

Para proteger las redes de las amenazas, se utilizan varias técnicas de seguridad, tales como:

Cifrado

El cifrado convierte los datos en un formato ilegible para que solo las partes autorizadas puedan acceder a ellos. El cifrado se utiliza para proteger la confidencialidad y la integridad de los datos durante la transmisión y el almacenamiento.

Autenticación

La autenticación verifica la identidad de los usuarios que intentan acceder a la red. Los métodos de autenticación incluyen contraseñas, tarjetas inteligentes, autenticación biométrica y autenticación de dos factores (2FA).

Control de acceso

El control de acceso restringe el acceso a los recursos de la red a usuarios autorizados. Los sistemas de control de acceso pueden utilizar listas de control de acceso (ACL), roles y permisos para gestionar quién puede acceder a qué recursos y en qué medida.

Firewalls

Los firewalls implementan políticas de seguridad para controlar el tráfico de red y bloquear accesos no autorizados. Los firewalls pueden inspeccionar los paquetes de datos y aplicar reglas para permitir o bloquear el tráfico en función de varios criterios, como la dirección IP, el puerto y el contenido.

VPNs

Las redes privadas virtuales (VPNs) crean una conexión segura y cifrada sobre una red pública, como Internet. Las

VPNs permiten a los usuarios acceder a recursos de red de manera segura desde ubicaciones remotas, protegiendo los datos durante la transmisión.

9.6. Herramientas de gestión de redes

Monitoreo de redes

Las herramientas de monitoreo de redes permiten a los administradores supervisar el rendimiento de la red, detectar problemas y garantizar que todos los componentes de la red funcionen correctamente. Algunas de las herramientas de monitoreo de redes más populares incluyen:

Nagios

Nagios es una herramienta de monitoreo de redes de código abierto que permite supervisar dispositivos, servicios y recursos de red. Nagios puede detectar y alertar sobre problemas antes de que afecten a los usuarios, proporcionando una visión integral del estado de la red.

PRTG Network Monitor

PRTG Network Monitor es una herramienta de monitoreo de redes que proporciona una visión detallada del rendimiento de la red. PRTG utiliza sensores para supervisar diversos aspectos de la red, como el uso del ancho de banda, la disponibilidad de dispositivos y el rendimiento de aplicaciones.

SolarWinds Network Performance Monitor

SolarWinds Network Performance Monitor es una solución de monitoreo de redes que permite a los administradores supervisar el rendimiento y la disponibilidad de la red. SolarWinds ofrece capacidades avanzadas de análisis y visualización, facilitando la identificación y resolución de problemas.

Análisis de tráfico

Las herramientas de análisis de tráfico permiten a los administradores capturar y analizar paquetes de datos en la red, identificando posibles problemas y optimizando el rendimiento.

Wireshark

Wireshark es una herramienta de análisis de tráfico de código abierto que permite capturar y analizar paquetes de datos en tiempo real. Wireshark proporciona una visión detallada de los datos transmitidos en la red, facilitando la identificación de problemas y la resolución de incidentes.

9.7. Tendencias y futuro de las redes

6G y redes inalámbricas

La tecnología 6G promete velocidades de transmisión significativamente más altas (picos de 200 Gbps) y menor latencia (hasta 0,1 ms), revolucionando las redes inalámbricas y habilitando nuevas aplicaciones como el Internet de las Cosas (IoT) y los vehículos autónomos. Con la implementación de 6G, se espera una proliferación de dispositivos conectados y una mayor demanda de ancho de banda, lo que impulsará el desarrollo de infraestructuras de red más avanzadas y eficientes.

SDN (Redes Definidas por Software)

Las redes definidas por software (SDN) separan el plano de control del plano de datos, permitiendo una gestión de red más flexible y dinámica. Esta tecnología facilita la automatización y optimización de la red, adaptándose rápidamente a las necesidades cambiantes. SDN permite a los administradores gestionar y configurar la red a través de software, en lugar de hardware, lo que reduce costos y mejora la escalabilidad.

Seguridad cibernética avanzada

Con el aumento de las amenazas cibernéticas, la seguridad de las redes se está volviendo cada vez más sofisticada. Las técnicas avanzadas, como el aprendizaje automático y la inteligencia artificial, están siendo utilizadas para detectar y mitigar amenazas en tiempo real. Estas tecnologías permiten una respuesta más rápida y precisa a los ataques, mejorando la capacidad de defensa de las redes.

Computación en la nube

La computación en la nube está transformando la forma en que las redes y los recursos informáticos son gestionados y utilizados. Las soluciones basadas en la nube permiten una escalabilidad y flexibilidad sin precedentes, facilitando la implementación de servicios y aplicaciones. La adopción de la nube también está impulsando el desarrollo de redes híbridas y multinube, donde los recursos se distribuyen entre infraestructuras locales y servicios en la nube.

IoT (Internet de las Cosas)

El Internet de las Cosas (IoT) conecta una vasta cantidad de dispositivos a las redes, desde electrodomésticos hasta sistemas industriales. Esto genera una gran cantidad de datos y requiere redes robustas y seguras para gestionar la comunicación entre estos dispositivos. La implementación de IoT está impulsando la necesidad de redes más inteligentes y eficientes, capaces de manejar el tráfico de datos en tiempo real y de manera segura.

Las redes de computadoras son esenciales en el mundo moderno, facilitando la comunicación y el intercambio de información a nivel global. Comprender los conceptos básicos de las redes, su arquitectura, los protocolos que las gobiernan y las herramientas para gestionarlas y protegerlas es fundamental para cualquier profesional en el campo de la tecnología de la información. A medida que la tecnología avanza, las redes seguirán evolucionando, enfrentando nuevos desafíos y abriendo nuevas posibilidades para la innovación y la conectividad. Los profesionales de redes deben mantenerse actualizados con las últimas tendencias y tecnologías para asegurar que las redes sean seguras, eficientes y capaces de satisfacer las crecientes demandas del entorno digital.

En este texto, hemos explorado los fundamentos de las redes de computadoras, incluyendo su definición, tipos, topologías y modelos de referencia como OSI y TCP/IP. También hemos discutido los protocolos de red más importantes, los dispositivos utilizados en las redes, las técnicas de seguridad y las herramientas de gestión de redes. Finalmente, hemos analizado las tendencias y el futuro de las redes, destacando tecnologías emergentes como 5G, SDN, seguridad cibernética avanzada, computación en la nube y IoT.

Este conocimiento proporciona una base sólida para aquellos que buscan una carrera en redes de computadoras, permitiéndoles comprender los principios fundamentales y prepararse para los desafíos y oportunidades del futuro. La comprensión y la habilidad para gestionar redes de manera eficaz y segura son habilidades esenciales en el mundo actual, donde la conectividad y la comunicación digital son fundamentales para casi todos los aspectos de la vida y los negocios.

Capítulo 10.

Direccionamiento
redes

```
      IP-Konfiguration

rnet-Adapter Ethernet:

Verbindungsspezifisches DNS-Suffix:  Speedport_W_724V_Typ_A
IPv6-Adresse. . . . . . . . . . . :  2003:dd:73c0:
Temporäre IPv6-Adresse. . . . . . :  2003:dd:73c0:
Verbindungslokale IPv6-Adresse  . :  fe80::3522:52fb:
IPv4-Adresse  . . . . . . . . . . :  192.168.
Subnetzmaske  . . . . . . . . . . :  255.255.255.0
Standardgateway . . . . . . . . . :  fe80:
                                     192.168

rnet-Adapter Ethernet 3:

Medienstatus. . . . . . . . . . . :  Medium getrennt
Verbindungsspezifisches DNS-Suffix:

rnet-Adapter Ethernet 2:

Medienstatus. . . . . . . . . . . :  Medium getrennt
Verbindungsspezifisches DNS-Suffix:

neladapter Teredo Tunneling Pseudo-Interface:

Verbindungsspezifisches DNS-Suffix:
IPv6-Adresse. . . . . . . . . . . :  2001:
Verbindungslokale IPv
```

El direccionamiento de redes es un componente esencial en la administración y diseño de redes informáticas. Comprender cómo funcionan las direcciones IP, las subredes y las máscaras de red es fundamental para cualquier profesional de TI. Este puntoestá diseñado para proporcionar una comprensión profunda de estos conceptos, adecuados para estudiantes de ciclo formativo de grado superior.

10.1 Conceptos básicos de direccionamiento IP

Una dirección IP es un identificador único para un dispositivo en una red. Hay dos versiones de direcciones IP en uso: IPv4 e IPv6.

IPv4

Es la versión más comúnmente utilizada. Una dirección IPv4 se compone de 32 bits, divididos en cuatro octetos, y se representa en notación decimal punteada (por ejemplo, 192.168.1.1). La dirección se puede dividir en dos partes: la parte de red y la parte de host. La máscara de subred determina qué parte de la dirección corresponde a la red y qué parte al host.

Máscaras de subred en IPv4

Las máscaras de subred en IPv4 son cruciales para definir el alcance de las direcciones IP en una red. Una máscara de subred típica podría ser 255.255.255.0, que indica que los primeros tres octetos representan la parte de red, mientras que el último octeto representa la parte de host.

Ejemplo de Subnetting

Consideremos una red con la dirección 192.168.1.0/24. Queremos dividir esta red en cuatro subredes. La máscara original es 255.255.255.0 (o /24). Al dividirla, obtenemos una nueva máscara de 255.255.255.192 (o /26).

- Subred 1: 192.168.1.0/26 (192.168.1.0 a 192.168.1.63)
- Subred 2: 192.168.1.64/26 (192.168.1.64 a 192.168.1.127)
- Subred 3: 192.168.1.128/26 (192.168.1.128 a 192.168.1.191)
- Subred 4: 192.168.1.192/26 (192.168.1.192 a 192.168.1.255)

Cada subred puede albergar hasta 62 hosts utilizables, ya que dos direcciones están reservadas para la dirección de red y la dirección de broadcast.

 **IPv6**

Es la versión más nueva que está siendo adoptada debido a la escasez de direcciones IPv4. Una dirección IPv6 se compone de 128 bits y se representa en notación hexadecimal (por ejemplo, 2001:0db8:85a3:0000:0000: 8a2e:0370:7334). IPv6 fue desarrollado para abordar la creciente necesidad de más direcciones IP debido al aumento de dispositivos conectados a Internet.

Beneficios de IPv6

IPv6 ofrece varios beneficios sobre IPv4:

- Espacio de Direcciones : Con 128 bits, IPv6 puede proporcionar aproximadamente 340 undecillones (3.4 x 10^38) de direcciones únicas.

- Configuración Automática : IPv6 soporta configuración automática de direcciones (SLAAC - Stateless Address Autoconfiguration).
- Seguridad Mejorada : La implementación obligatoria de IPsec (Internet Protocol Security) en IPv6 proporciona un marco para autenticación y cifrado.

Formato de dirección IPv6

Las direcciones IPv6 se componen de ocho grupos de cuatro dígitos hexadecimales, separados por dos puntos (:). Un ejemplo de dirección IPv6 es 2001:0db8:85a3:00 00:0000:8a2e:0370:7334. Para simplificar, los ceros consecutivos pueden ser omitidos usando "::". Por ejemplo, 2001:0db8:85a3::8a2e:0370:7334.

10.2. Clases de direcciones IPv4

Las direcciones IP se dividen en clases para facilitar su asignación y gestión. Las clases más comunes son A, B y C.

- Clase A : Rango de 1.0.0.0 a 126.255.255.255. Usada para redes muy grandes. La máscara de red por defecto es 255.0.0.0. Esta clase puede soportar aproximadamente 16 millones de hosts por red.
- Clase B : Rango de 128.0.0.0 a 191.255.255.255. Usada para redes medianas. La máscara de red por defecto es 255.255.0.0. Esta clase puede soportar aproximadamente 65,000 hosts por red.
- Clase C : Rango de 192.0.0.0 a 223.255.255.255. Usada para redes pequeñas. La máscara de red por defecto es 255.255.255.0. Esta clase puede soportar hasta 254 hosts por red.

- Clase D (Multicast) : Rango de 224.0.0.0 a 239.255.255.255. Usada para transmisión de datos multicast. No está dividida en subredes.
- Clase E (Experimental) : Rango de 240.0.0.0 a 255.255.255.255. Reservada para uso futuro y experimental.

10.3. Subnetting (Subredes)

Subnetting es el proceso de dividir una red grande en redes más pequeñas, llamadas subredes. Mejora la eficiencia y seguridad de la red al permitir una mejor administración del espacio de direcciones IP y reducir la cantidad de tráfico de broadcast.

Ventajas del Subnetting

- Eficiencia : Reduce el desperdicio de direcciones IP al asignar solo el número necesario de direcciones a cada subred.
- Seguridad : Permite aislar segmentos de red, limitando el alcance de posibles ataques.
- Rendimiento : Minimiza el tráfico de broadcast, mejorando el rendimiento general de la red.

Ejemplo avanzado de Subnetting

Imaginemos que necesitamos crear ocho subredes a partir de una red principal con dirección 192.168.0.0/24. Cada subred tendrá 32 direcciones IP.

- Máscara original: 255.255.255.0 (o /24)
- Nueva máscara: 255.255.255.224 (o /27)

Esto nos dará las siguientes subredes:
- Subred 1: 192.168.0.0/27 (192.168.0.0 a 192.168.0.31)
- Subred 2: 192.168.0.32/27 (192.168.0.32 a 192.168.0.63)
- Subred 3: 192.168.0.64/27 (192.168.0.64 a 192.168.0.95)
- Subred 4: 192.168.0.96/27 (192.168.0.96 a 192.168.0.127)
- Subred 5: 192.168.0.128/27 (192.168.0.128 a 192.168.0.159)
- Subred 6: 192.168.0.160/27 (192.168.0.160 a 192.168.0.191)
- Subred 7: 192.168.0.192/27 (192.168.0.192 a 192.168.0.223)
- Subred 8: 192.168.0.224/27 (192.168.0.224 a 192.168.0.255)

10.4. Direcciones IP privadas y públicas

Las direcciones IP pueden ser públicas o privadas. Las direcciones públicas son únicas en toda la Internet, mientras que las direcciones privadas son utilizadas dentro de redes internas y no son únicas a nivel global.

Direcciones IP públicas

Asignadas por la IANA (Internet Assigned Numbers Authority) y son únicas en todo Internet. Estas direcciones son necesarias para que los dispositivos puedan comunicarse en Internet.

Direcciones IP privadas

Utilizadas dentro de redes privadas y no son únicas a nivel global. Los rangos de direcciones privadas son:
- Clase A : 10.0.0.0 a 10.255.255.255
- Clase B : 172.16.0.0 a 172.31.255.255
- Clase C : 192.168.0.0 a 192.168.255.255

Estas direcciones no pueden ser enrutadas en Internet y necesitan ser traducidas a una dirección pública mediante NAT (Network Address Translation) para acceder a Internet.

10.5. NAT (Network Address Translation)

NAT permite a una red con direcciones IP privadas acceder a Internet utilizando una dirección IP pública. Existen varios tipos de NAT, incluyendo NAT estático, NAT dinámico y PAT (Port Address Translation).

NAT estático

Asocia una dirección IP pública específica a una dirección IP privada específica. Es útil para servidores que necesitan ser accesibles desde Internet.

NAT dinámico

Asocia un grupo de direcciones IP públicas a un grupo de direcciones IP privadas. Las direcciones IP públicas se asignan de forma dinámica a medida que los dispositivos necesitan acceder a Internet.

PAT (Port Address Translation)

Permite que múltiples dispositivos compartan una única dirección IP pública utilizando diferentes números de puerto. Es el tipo de NAT más comúnmente utilizado en redes domésticas y pequeñas empresas.

10.6. Dirección IPv6

IPv6 fue desarrollado para abordar la creciente necesidad de más direcciones IP debido al aumento de dispositivos conectados a Internet.

Formato de dirección IPv6

Las direcciones IPv6 se componen de ocho grupos de cuatro dígitos hexadecimales, separados por dos puntos (:). Un ejemplo de dirección IPv6 es 2001:0db8:85a3:00 00:0000:8a2e:0370:7334. Para simplificar, los ceros consecutivos pueden ser omitidos usando "::". Por ejemplo, 2001:0db8:85a3::8a2e:0370:7334.

Tipos de direcciones IPv6

- Unicast : Identifica un único nodo. Los paquetes enviados a una dirección unicast son entregados al nodo específico identificado por esa dirección.
- Anycast : Identifica un conjunto de nodos, entregando el paquete al nodo más cercano. Las direcciones anycast son útiles para servicios que se replican en múltiples ubicaciones.
- Multicast : Identifica un conjunto de nodos, entregando el paquete a todos los nodos del grupo. Las direcciones multicast se utilizan para aplicaciones

que requieren enviar datos a múltiples destinos simultáneamente.

Direccionamiento IP en la configuración de redes

La configuración de direcciones IP puede ser estática o
dinámica. La configuración estática implica asignar manualmente una dirección IP fija a un dispositivo. La configuración dinámica utiliza el protocolo DHCP para asignar
direcciones IP automáticamente.

Configuración estática

La configuración estática es útil para dispositivos que
requieren una dirección IP constante, como servidores y
dispositivos de red. En sistemas basados en Linux, la configuración estática se puede establecer editando archivos
de configuración de red, como `/etc/network/interfaces`
o `/etc/netplan/*.yaml`.

Configuración dinámica (DHCP)

DHCP (Dynamic Host Configuration Protocol) asigna
direcciones IP automáticamente a dispositivos en una red.
Un servidor DHCP mantiene un pool de direcciones IP y
las asigna a los dispositivos a medida que se conectan a
la red.

Ejemplo de configuración DHCP en Linux

Para configurar un servidor DHCP en Linux, se edita
el archivo `/etc/dhcp/dhcpd.conf` y se define el rango de
direcciones IP, la máscara de subred, el gateway y los servidores DNS.

```
subnet 192.168.1.0 netmask 255.255.255.0 {
```

```
range 192.168.1.10 192.168.1.100;
option routers 192.168.1.1;
option subnet-mask 255.255.255.0;
option domain-name-servers 8.8.8.8,
8.8.4.4;
}
```

10.7. Seguridad y direccionamiento IP

La seguridad de la red es crucial para proteger los datos y la infraestructura. Existen varias técnicas para mejorar la seguridad del direccionamiento IP.

Filtrado de IP

El filtrado de IP se realiza mediante firewalls, que permiten o deniegan tráfico basado en direcciones IP. Los firewalls pueden ser configurados para bloquear el acceso a direcciones IP específicas o para permitir solo el tráfico de direcciones IP confiables.

VLANs (Virtual LANs)

Las VLANs permiten segmentar una red física en varias redes lógicas. Esto mejora la seguridad al aislar el tráfico de diferentes segmentos de la red y permite una mejor gestión del tráfico de red.

10.8. Ejemplos prácticos

Los ejemplos prácticos ayudan a consolidar el conocimiento teórico y a aplicar las técnicas de direccionamiento de redes en situaciones reales.

Ejemplo de configuración de Subred

Dividir una red 192.168.1.0/24 en cuatro subredes:
- Máscara original: 255.255.255.0 (o /24)
- Nueva máscara: 255.255.255.192 (o /26)
- Subred 1: 192.168.1.0/26 (192.168.1.0 a 192.168.1.63)
- Subred 2: 192.168.1.64/26 (192.168.1.64 a 192.168.1.127)
- Subred 3: 192.168.1.128/26 (192.168.1.128 a 192.168.1.191)
- Subred 4: 192.168.1.192/26 (192.168.1.192 a 192.168.1.255)

Ejemplo de configuración de una dirección IP estática en Linux

Edita el archivo `/etc/network/interfaces`:

```
auto eth0
iface eth0 inet static
address 192.168.1.10
netmask 255.255.255.0
gateway 192.168.1.1
```

Ejemplo de configuración de un servidor DHCP en Linux

Edita el archivo `/etc/dhcp/dhcpd.conf`:

```
subnet 192.168.1.0 netmask 255.255.255.0 {
range 192.168.1.10 192.168.1.100;
option routers 192.168.1.1;
option subnet-mask 255.255.255.0;
option domain-name-servers 8.8.8.8,
8.8.4.4;
}
```

Capítulo 11.

Windows

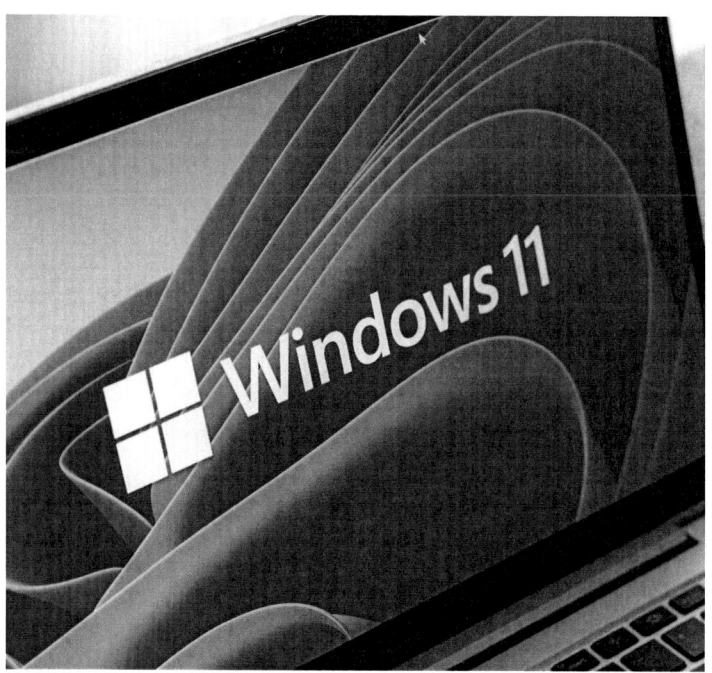

▊▊.▊. Historia y evolución

Windows es un sistema operativo desarrollado por Microsoft. La primera versión, Windows 1.0, fue lanzada en 1985. Desde entonces, ha evolucionado significativamente, con versiones destacadas como Windows 95, Windows XP, Windows 7, Windows 10 y la más reciente, Windows 11. Cada versión ha traído mejoras en la interfaz de usuario, funcionalidades y seguridad.

▊▊▊▊▊ Detalles de las versiones:

- Windows 1.0: Lanzado en 1985, fue la primera interfaz gráfica sobre MS-DOS. Incluía aplicaciones básicas como el Bloc de Notas y Paint.

- Windows 95: Introdujo el botón de inicio, la barra de tareas y la interfaz de 32 bits. Fue un gran avance en usabilidad y popularidad.

- Windows XP: Con su lanzamiento en 2001, ofreció una mayor estabilidad y seguridad. Fue conocido por su interfaz amigable y soporte extendido.

- Windows 7: Lanzado en 2009, mejoró la interfaz y el rendimiento, corrigiendo muchos de los problemas de Windows Vista.

- Windows 10: Introducido en 2015, es una versión en constante actualización con características como Cortana y el navegador Edge.

- Windows 11: Lanzado en 2021, presenta una interfaz renovada, mejoras en rendimiento y nuevas funcionalidades.

11.2. Arquitectura del sistema operativo

La arquitectura de Windows se compone de varias capas:

- Capa de usuario: Incluye la interfaz gráfica de usuario (GUI) y las aplicaciones que los usuarios utilizan.
- Capa de servicios del sistema: Provee servicios esenciales como la gestión de archivos, seguridad y redes.
- Capa de kernel: Controla el hardware y gestiona recursos como la memoria y el CPU.
- Hardware: Incluye todos los componentes físicos del ordenador.

Componentes detallados:

- Kernel: Núcleo del sistema que gestiona los recursos del hardware y facilita la comunicación entre software y hardware.
- HAL (Hardware Abstraction Layer): Capa que abstrae el hardware para facilitar la compatibilidad.
- Servicios del Sistema: Incluyen controladores de dispositivos, gestión de memoria, y subsistemas de seguridad.

11.3. Funcionalidades clave

Windows ofrece diversas funcionalidades que lo hacen popular entre los usuarios:

- Interfaz Gráfica de Usuario (GUI): Intuitiva y fácil de usar.
- Multitarea: Permite ejecutar múltiples aplicaciones simultáneamente.

- Seguridad: Incluye características como Windows Defender, cortafuegos y actualizaciones automáticas.
- Compatibilidad: Soporta una amplia gama de hardware y software.

Características avanzadas:

- Hyper-V: Plataforma de virtualización que permite ejecutar múltiples sistemas operativos en un solo equipo.
- DirectX: Conjunto de APIs para manejar tareas multimedia y de juegos.
- BitLocker: Herramienta de cifrado de disco para proteger datos sensibles.

II.4. Gestión de archivos y carpetas

Windows utiliza un sistema de archivos jerárquico donde los datos se organizan en carpetas y subcarpetas. Las principales herramientas de gestión de archivos incluyen:

- Explorador de Archivos: Permite navegar, organizar y gestionar archivos y carpetas.
- Bibliotecas: Facilitan el acceso a documentos, imágenes, música y vídeos.
- Sistema de Búsqueda: Herramienta potente para encontrar archivos y aplicaciones.

Funciones adicionales:

- Acceso rápido: Facilita el acceso a carpetas y archivos frecuentemente usados.

- Historial de Archivos: Realiza copias de seguridad automáticas de archivos personales.
- OneDrive: Integración con el almacenamiento en la nube de Microsoft.

11.5. Administración del sistema

La administración de permisos en Windows es una característica fundamental para garantizar la seguridad y la gestión eficiente de los recursos del sistema operativo. Los permisos controlan el acceso a archivos, carpetas y otros recursos del sistema, y determinan lo que los usuarios pueden y no pueden hacer con ellos.

Tipos de permisos

Windows utiliza un sistema de permisos que puede ser asignado a usuarios y grupos. Los permisos pueden ser configurados en archivos, carpetas, impresoras, registros y otros objetos. Los principales tipos de permisos son:

- Permisos NTFS (New Technology File System): Estos permisos se aplican a archivos y carpetas en particiones NTFS.
- Permisos compartidos: Estos permisos se aplican a carpetas compartidas en una red.
- Permisos de registro: Permiten controlar el acceso a claves y subclaves del registro de Windows.
- Permisos de active Directory: Usados para gestionar el acceso a objetos en un entorno de dominio.

Permisos NTFS

Los permisos NTFS son los más detallados y proporcionan un control granular sobre quién puede acceder a los archivos y carpetas y lo que pueden hacer con ellos. Los principales permisos NTFS son:

- Full Control (Control Total): Permite al usuario realizar cualquier acción sobre el objeto, incluyendo la modificación de permisos y la propiedad del objeto.
- Modify (Modificar): Permite leer, escribir y eliminar el objeto, pero no cambiar los permisos ni la propiedad.
- Read & Execute (Leer y Ejecutar): Permite ver el contenido del archivo o carpeta y ejecutar programas.
- List Folder Contents (Listar el Contenido de la Carpeta): Permite ver los nombres de los archivos y subcarpetas dentro de una carpeta.
- Read (Leer): Permite ver el contenido del archivo o carpeta.
- Write (Escribir): Permite modificar el contenido del archivo o carpeta.

Permisos compartidos

Los permisos compartidos son aplicables a carpetas compartidas en una red y determinan lo que los usuarios pueden hacer con los archivos y carpetas a través de la red. Los permisos compartidos incluyen:

- Full Control (Control Total): Permite a los usuarios realizar cualquier acción sobre los archivos y carpetas compartidos.
- Change (Cambiar): Permite a los usuarios leer, escribir, ejecutar y eliminar archivos y carpetas.
- Read (Leer): Permite a los usuarios ver los nombres de los archivos y carpetas y leer su contenido.

Administración de permisos

La administración de permisos en Windows se realiza principalmente a través de las propiedades de archivos y carpetas. Aquí se detallan los pasos básicos para administrar permisos en Windows:

Configuración de permisos NTFS

1. Abrir el Explorador de Archivos y navegar hasta el archivo o carpeta.
2. Hacer clic derecho sobre el archivo o carpeta y seleccionar "Propiedades".
3. Ir a la pestaña "Seguridad" y hacer clic en "Editar".
4. Seleccionar el usuario o grupo al que se desea asignar permisos.
5. Marcar las casillas de los permisos que se desean conceder.
6. Hacer clic en "Aplicar" y luego en "Aceptar".

Configuración de permisos compartidos

1. Hacer clic derecho sobre la carpeta que se desea compartir y seleccionar "Propiedades".
2. Ir a la pestaña "Compartir" y hacer clic en "Uso compartido avanzado".
3. Marcar la casilla "Compartir esta carpeta".
4. Hacer clic en "Permisos".
5. Seleccionar el usuario o grupo al que se desea asignar permisos.
6. Marcar las casillas de los permisos que se desean conceder.
7. Hacer clic en "Aplicar" y luego en "Aceptar".

Herencia de permisos

En Windows, las carpetas pueden heredar permisos de sus carpetas superiores. Esto significa que los permisos aplicados a una carpeta pueden ser automáticamente aplicados a sus subcarpetas y archivos, a menos que se configure de otra manera. Para cambiar la herencia de permisos:

1. Abrir las propiedades de la carpeta.
2. Ir a la pestaña "Seguridad" y hacer clic en "Opciones avanzadas".
3. Desmarcar la casilla "Incluir todos los permisos heredables del objeto primario de este objeto".
4. Elegir "Eliminar" o "Copiar" los permisos heredados según sea necesario.

Auditoría de permisos

Windows también permite la auditoría de permisos para supervisar y registrar eventos relacionados con la seguridad, como accesos no autorizados. Para configurar la auditoría:

1. Abrir el Editor de Directivas de Grupo (gpedit.msc).
2. Navegar a "Configuración del equipo" > "Configuración de Windows" > "Configuración de seguridad" > "Directivas locales" > "Directiva de auditoría".
3. Configurar la auditoría para "Acceso a objetos" y otros eventos relevantes.

Ejercicio resuelto

Ejercicio: Configurar permisos para que solo un grupo específico pueda modificar una carpeta, mientras que otros usuarios solo puedan leer su contenido.

Respuesta:

1. Crear el grupo de usuarios que tendrá acceso de modificación (por ejemplo, "Editores").
2. Abrir el Explorador de Archivos y navegar hasta la carpeta.
3. Hacer clic derecho sobre la carpeta y seleccionar "Propiedades".
4. Ir a la pestaña "Seguridad" y hacer clic en "Editar".
5. Agregar el grupo "Editores" y concederle el permiso "Modificar".
6. Asegurarse de que "Usuarios" tenga solo permisos de "Leer y ejecutar" y "Listar el contenido de la carpeta".
7. Aplicar y aceptar los cambios.

Esta configuración asegura que solo los miembros del grupo "Editores" puedan modificar la carpeta, mientras que otros usuarios solo pueden leer su contenido.

11.6. Seguridad y Mantenimiento

La seguridad es una prioridad en Windows. Las principales características incluyen:

- Windows Defender: Antivirus integrado que protege contra malware.
- Cortafuegos de Windows: Bloquea accesos no autorizados al sistema.
- Actualizaciones Automáticas: Garantiza que el sistema esté protegido con las últimas actualizaciones de seguridad.

Otras características de seguridad:

- Windows Hello: Sistema de autenticación biométrica (huella dactilar, reconocimiento facial).

- Control de Cuentas de Usuario (UAC): Previene cambios no autorizados en el sistema.
- Windows Sandbox: Entorno de prueba aislado para ejecutar aplicaciones sospechosas.

II.7. Ejemplos Prácticos

Ejemplo 1: Uso del Explorador de Archivos para organizar documentos en carpetas.

Ejemplo 2: Configuración del Cortafuegos de Windows para permitir una aplicación específica.

II.8. Ejercicio Resuelto

Ejercicio: Configura una carpeta para compartir en red y permite el acceso solo a usuarios específicos.

Respuesta:

1. Abre el Explorador de Archivos y navega hasta la carpeta que deseas compartir.
2. Haz clic derecho en la carpeta y selecciona 'Propiedades'.
3. Ve a la pestaña 'Compartir' y haz clic en 'Uso compartido avanzado'.
4. Marca la casilla 'Compartir esta carpeta' y haz clic en 'Permisos'.
5. Añade los usuarios específicos y configura los permisos adecuados (lectura/escritura).
6. Haz clic en 'Aplicar' y luego en 'Aceptar'.

11.9. Personalización del Sistema

Windows permite una amplia personalización para adaptarse a las necesidades del usuario:

- Temas y fondos de pantalla: Cambiar la apariencia del escritorio.
- Configuración de pantalla: Ajustar la resolución y disposición de monitores múltiples.
- Ajustes de energía: Configurar planes de energía para optimizar el rendimiento y el consumo de batería.

Opciones avanzadas:

- Configuración de inicio: Personalizar qué aplicaciones se ejecutan al inicio.
- Barra de tareas: Ajustar iconos, notificaciones y área de bandeja.
- Configuración de accesibilidad: Ajustes para usuarios con discapacidades visuales o motrices.

11.10. Herramientas de Diagnóstico y Solución de Problemas

Windows incluye varias herramientas para diagnosticar y solucionar problemas:

- Visor de eventos: Registra eventos importantes del sistema, como errores y advertencias.
- Solucionador de problemas: Herramienta automática para identificar y solucionar problemas comunes.
- Restaurar sistema: Permite revertir el sistema a un estado anterior en caso de problemas graves.

Otras herramientas:

- CHKDSK: Verifica la integridad del disco duro y corrige errores.

- SFC (System File Checker): Escanea y repara archivos de sistema dañados.
- Diagnóstico de Memoria de Windows: Prueba la RAM en busca de errores.

II.II. Ejemplos Avanzados

Ejemplo 1: Configuración de un entorno de red avanzado con Windows Server.

Ejemplo 2: Uso de PowerShell para automatizar tareas de administración del sistema.

II.12. Ejercicio Resuelto

Ejercicio: Automatiza una tarea de mantenimiento del sistema usando PowerShell.

Respuesta:

1. Abre PowerShell como administrador.
2. Escribe el siguiente script para limpiar archivos temporales y presiona Enter:

```
$temp = Get-ChildItem -Path $env:TEMP -Re-
curse
$temp | Remove-Item -Force -Recurse
```

3. Guarda el script como limpieza.ps1.
4. Programa una tarea en el 'Programador de tareas' para ejecutar el script periódicamente.

Capítulo 12.

Administración remota

La administración remota de sistemas operativos es una habilidad esencial para los profesionales de TI, especialmente en un mundo donde el trabajo remoto y la gestión de infraestructuras distribuidas se han convertido en la norma. Este documento ofrece una visión completa de las técnicas y herramientas utilizadas para administrar sistemas operativos de forma remota, abarcando desde los fundamentos hasta ejemplos prácticos y ejercicios resueltos.

12.1. Conceptos básicos de la administración remota

La administración remota permite a los administradores de sistemas gestionar, monitorear y solucionar problemas de los sistemas operativos desde una ubicación distinta a la del servidor o dispositivo en cuestión. Los beneficios incluyen:

- Acceso inmediato : Los administradores pueden acceder a los sistemas sin necesidad de estar físicamente presentes.
- Reducción de costos : Disminuye la necesidad de desplazamientos y permite la gestión centralizada de múltiples sistemas.
- Eficiencia operativa : Facilita el mantenimiento proactivo y la resolución rápida de problemas.

12.2. Herramientas comunes de administración remota

1. SSH (Secure Shell) : Es una herramienta clave para la administración remota de sistemas Unix/Linux. Permite acceder y controlar un sistema de manera segura.

2. RDP (Remote Desktop Protocol) : Utilizado principalmente en entornos Windows, permite a los usuarios conectarse a otros equipos a través de una interfaz gráfica.

3. VNC (Virtual Network Computing) : Proporciona acceso remoto a sistemas utilizando un entorno gráfico, siendo compatible con múltiples plataformas.

4. PowerShell Remoting : Herramienta poderosa para la administración de sistemas Windows, permitiendo ejecutar comandos y scripts de manera remota.

5. Ansible, Puppet y Chef : Herramientas de administración de configuración que permiten la automatización de tareas y la gestión remota de infraestructuras a gran escala.

12.3. Ejemplos de uso de herramientas de administración remota

12.3.1. SSH en Linux

Conexión básica :

```bash
ssh usuario@servidor
```

Esto conecta al usuario al servidor especificado utilizando SSH.

Copiar archivos utilizando SCP :

```bash
scp archivo.txt usuario@servidor:/ruta/
destino
```

Este comando copia `archivo.txt` desde el sistema local al servidor remoto.

12.3.2. RDP en Windows

Para conectarse a un escritorio remoto en Windows, se utiliza la aplicación 'Remote Desktop Connection'. Se debe ingresar la dirección IP o el nombre del host del sistema al que se desea conectar.

12.3.3. PowerShell Remoting

Habilitar PowerShell Remoting :

```powershell
Enable-PSRemoting -Force
```

Esto habilita la administración remota en el sistema local.

Ejecutar un comando remoto :

```powershell
Invoke-Command -ComputerName ServidorRemo-
to -ScriptBlock { Get-Process }
```

Este comando ejecuta `Get-Process` en `ServidorRemoto` y devuelve los resultados al sistema local.

12.4. Ejercicios prácticos

12.4.1. Ejercicio I: configuración de SSH en Linux

1. Instalar OpenSSH Server :

```bash
sudo apt-get install openssh-server
```

2. Verificar el estado del servicio SSH :

```bash
sudo systemctl status ssh
```

3. Configurar el firewall para permitir SSH :

```bash
sudo ufw allow ssh
```

Solución :

```bash
sudo apt-get install openssh-server
sudo systemctl status ssh
sudo ufw allow ssh
```

12.4.2. Ejercicio 2: uso de PowerShell Remoting en Windows

1. Habilitar PowerShell Remoting :

```
powershell
Enable-PSRemoting -Force
```

2. Establecer una sesión remota :

```
powershell
Enter-PSSession -ComputerName NombreDel-
Computador
```

3. Ejecutar un comando remoto :

```
powershell
Invoke-Command -ComputerName NombreDelCom-
putador -ScriptBlock { Get-Service }
```

Solución: powershell

```
Enable-PSRemoting -Force

Enter-PSSession -ComputerName NombreDel-
Computador

Invoke-Command -ComputerName NombreDelCom-
putador -ScriptBlock { Get-Service }
```

12.5. Herramientas comunes de administración remota

1. SSH (Secure Shell) : Es una herramienta clave para la administración remota de sistemas Unix/Linux.

Permite acceder y controlar un sistema de manera segura.

2. RDP (Remote Desktop Protocol) : Utilizado principalmente en entornos Windows, permite a los usuarios conectarse a otros equipos a través de una interfaz gráfica.

3. VNC (Virtual Network Computing) : Proporciona acceso remoto a sistemas utilizando un entorno gráfico, siendo compatible con múltiples plataformas.

4. PowerShell Remoting : Herramienta poderosa para la administración de sistemas Windows, permitiendo ejecutar comandos y scripts de manera remota.

5. Ansible, Puppet y Chef : Herramientas de administración de configuración que permiten la automatización de tareas y la gestión remota de infraestructuras a gran escala.

12.6. Consideraciones de seguridad

La administración remota debe realizarse de manera segura para proteger los sistemas y datos sensibles:

1. Autenticación Fuerte: Utilizar claves SSH en lugar de contraseñas para la autenticación.

2. Cifrado de Comunicación: Asegurarse de que todas las conexiones remotas estén cifradas.

3. Control de Acceso: Implementar políticas de acceso restrictivas y monitorear las conexiones remotas.

4. Actualizaciones Regulares: Mantener todos los sistemas y herramientas de administración actualizados para protegerse contra vulnerabilidades.

12.6.1. Ejemplos de configuración de seguridad

Configuración de claves SSH

1. Generar un par de claves SSH en el sistema local:

```bash
ssh-keygen -t rsa
```

2. Copiar la clave pública al servidor remoto:

```bash
ssh-copy-id usuario@servidor
```

Configuración de firewall para SSH

1. Permitir SSH en UFW (Firewall):

```bash
sudo ufw allow ssh
```

12.7. Casos y escenarios prácticos

12.7.1. Caso I: administración de servidores Web remotos

Imaginemos que una empresa necesita administrar múltiples servidores Web distribuidos geográficamente. Utilizando herramientas de administración remota como SSH y Ansible, los administradores pueden desplegar actualizaciones, monitorear el rendimiento y solucionar problemas sin necesidad de desplazarse físicamente.

12.7.2. Escenario práctico: despliegue de una aplicación Web con Ansible

Para desplegar una aplicación web en múltiples servidores utilizando Ansible, se puede crear un playbook que realice las siguientes tareas:

1. Instalar el servidor web (por ejemplo, Apache o Nginx).
2. Configurar el servidor web para servir la aplicación.
3. Desplegar los archivos de la aplicación.
4. Reiniciar el servidor web para aplicar los cambios.

Ejemplo de playbook para despliegue de aplicación web

```yaml
yaml
-hosts: servidores_web
become: yes
tasks:
-name: Instalar Nginx
apt:
name: nginx
state: present
-name: Configurar Nginx
copy:
src: ./nginx_config.conf
dest: /etc/nginx/sites-available/default
-name: Desplegar aplicación
copy:
src: ./app/
dest: /var/www/html/
-name: Reiniciar Nginx
service:
name: nginx
state: restarted
```

12.7.3. Caso 2: monitoreo de infraestructura remota

El monitoreo de la infraestructura es crucial para asegurar que todos los sistemas funcionen correctamente. Herramientas como Nagios, Zabbix y Prometheus permiten a los administradores monitorizar servidores, aplicaciones y servicios desde una ubicación centralizada.

Ejemplo de configuración de Nagios

1. Instalar Nagios en el servidor de monitoreo:

```bash
sudo apt-get install nagios3
```

2. Configurar Nagios:

```bash
sudo nano /etc/nagios3/conf.d/servidor_re-
moto.cfg
```

Agregar la siguiente configuración:

```
define host {
usegeneric-host
host_nameservidor_remoto
alias Servidor Remoto
address192.168.1.20
}
define service {
usegeneric-service
host_nameservidor_remoto
service_description PING
check_command check_
ping!100.0,20%!500.0,60%
}
```

Capítulo 13.

Seguridad

13.1. ¿Qué es la seguridad de sistemas informáticos?

La seguridad de sistemas informáticos es el conjunto de medidas y prácticas diseñadas para proteger la integridad, confidencialidad y disponibilidad de la información y los sistemas que la procesan. Esto incluye la protección contra accesos no autorizados, ataques, fallos y desastres.

13.2. Principios de la seguridad informática

1. Confidencialidad: Garantizar que la información solo sea accesible por personas autorizadas.
2. Integridad: Asegurar que la información no sea alterada de manera no autorizada.
3. Disponibilidad: Asegurar que los sistemas y datos estén disponibles para los usuarios autorizados cuando los necesiten.

13.3. Amenazas comunes

1. Malware: Software malicioso que incluye virus, troyanos, gusanos y spyware.
2. Phishing: Intento de obtener información confidencial mediante engaños.
3. Ataques DoS: Ataques de denegación de servicio distribuidos que sobrecargan un sistema.
4. Ransomware: Software que cifra los datos de una víctima y exige un rescate para desbloquearlos.

13.4. Vulnerabilidades y exposiciones comunes

Las vulnerabilidades son debilidades en un sistema que pueden ser explotadas para comprometer su seguridad. Las exposiciones son situaciones donde una vulnerabilidad puede ser explotada. Algunas vulnerabilidades comunes incluyen:

1. Software desactualizado: No aplicar parches y actualizaciones puede dejar un sistema vulnerable a ataques.
2. Contraseñas débiles: El uso de contraseñas fáciles de adivinar puede permitir el acceso no autorizado a los sistemas.
3. Falta de cifrado: No cifrar datos sensibles puede resultar en la exposición de información confidencial.
4. Configuraciones incorrectas: Configuraciones de seguridad inadecuadas pueden abrir puertas a atacantes.

13.5. Conceptos de amenazas internas y externas

Las amenazas internas provienen de dentro de la organización, como empleados descontentos o errores humanos. Las amenazas externas son ataques dirigidos desde fuera de la organización, como hackers y malware.

Ejemplo de amenazas internas:

1. Empleados descontentos: Pueden intentar sabotear sistemas o filtrar información.
2. Errores humanos: Un empleado puede accidentalmente borrar datos importantes o configurar mal un sistema.

Ejemplo de amenazas externas:
1. Hackers: Intentan penetrar en los sistemas para robar o comprometer información.
2. Malware: Software malicioso diseñado para dañar o infiltrarse en sistemas.

13.6. Medidas de protección

13.6.1. Antivirus y antimalware

Los antivirus y antimalware son programas diseñados para detectar y eliminar software malicioso. Es esencial mantener estos programas actualizados para protegerse contra las amenazas más recientes.

Ejemplo de Ejercicio

Pregunta: ¿Cuál es la diferencia entre un virus y un gusano?

Respuesta: Un virus necesita un programa huésped para propagarse, mientras que un gusano puede replicarse y propagarse por sí mismo a través de las redes.

13.6.2. Firewalls

Un firewall es un sistema que controla el tráfico de red entrante y saliente basado en reglas de seguridad predeterminadas. Los firewalls pueden ser hardware, software o una combinación de ambos.

Ejemplo de Ejercicio

Pregunta: ¿Qué es un firewall de próxima generación (NGFW)?

Respuesta: Un NGFW es un firewall que incorpora funcionalidades avanzadas como inspección profunda de paquetes, prevención de intrusiones y control de aplicaciones.

13.6.3. Autenticación y control de acceso

La autenticación es el proceso de verificar la identidad de un usuario. Los métodos comunes incluyen contraseñas, tarjetas inteligentes y autenticación biométrica. El control de acceso asegura que solo los usuarios autorizados puedan acceder a ciertos recursos.

Ejemplo de Ejercicio

Pregunta: Describe el proceso de autenticación multifactor.

Respuesta: La autenticación multifactor requiere que los usuarios proporcionen dos o más tipos de evidencia para verificar su identidad, como una contraseña y una huella digital.

13.6.4. Criptografía

La criptografía se utiliza para proteger la información mediante el cifrado de datos, asegurando que solo los usuarios autorizados puedan leerla. Existen dos tipos principales de cifrado:

1. Cifrado Simétrico: Utiliza la misma clave para cifrar y descifrar los datos. Es rápido y eficiente, pero el intercambio seguro de claves puede ser un desafío.

13.7. Buenas prácticas y ejemplos

13.7.1. Actualizaciones y parches

Mantener los sistemas y aplicaciones actualizados con los últimos parches de seguridad es crucial para protegerse contra vulnerabilidades conocidas. Las actualizaciones y parches deben aplicarse tan pronto como estén disponibles para minimizar la ventana de oportunidad para los atacantes.

13.7.2. Seguridad en redes

La seguridad en redes implica proteger los datos que se transmiten a través de la red, tanto interna como externamente. Esto puede incluir el uso de VPNs, segmentación de redes, y el uso de protocolos seguros como HTTPS y SSL/TLS.

Ejemplo

Pregunta: ¿Qué es una VPN y cómo contribuye a la seguridad de la red?

Respuesta: Una VPN (Red Privada Virtual) crea una conexión segura y cifrada a través de una red menos segura, como Internet. Protege los datos transmitidos y oculta la dirección IP del usuario, mejorando la privacidad y la seguridad.

13.7.3. Seguridad en aplicaciones

La seguridad en aplicaciones implica asegurar que las aplicaciones sean diseñadas y desarrolladas para resistir ataques. Esto incluye la implementación de prácticas de codificación segura, pruebas de seguridad y revisiones de código.

Ejemplo

Pregunta: ¿Qué es una inyección SQL y cómo se puede prevenir?

Respuesta: Una inyección SQL es una técnica de ataque en la que los atacantes insertan código SQL malicioso en una entrada de formulario para manipular la base de datos. Se puede prevenir mediante la validación de entradas, el uso de sentencias preparadas y consultas parametrizadas.

13.7.4. Políticas de seguridad

Las políticas de seguridad son directrices que definen cómo se debe gestionar la seguridad dentro de una organización. Estas políticas cubren aspectos como el uso aceptable de los recursos, la gestión de contraseñas, la respuesta a incidentes y la formación en seguridad para los empleados.

Ejemplo

Pregunta: ¿Por qué son importantes las políticas de seguridad en una organización?

Respuesta: Las políticas de seguridad establecen expectativas claras para los empleados, ayudan a proteger los activos de la organización y aseguran el cumplimiento de las leyes y regulaciones. También proporcionan un marco para la respuesta a incidentes de seguridad.

13.8. Ejercicio final

Ejercicio

1. Diseña un plan de seguridad para una pequeña empresa que incluya al menos tres medidas de protección diferentes.
2. Implementa un sistema de autenticación multifactor y describe el proceso.
3. Elabora una política de seguridad básica que cubra el uso de contraseñas, la gestión de dispositivos y la respuesta a incidentes de seguridad.

Respuesta

Plan de Seguridad:

- Antivirus y Antimalware: Instalar y mantener actualizados programas antivirus en todos los sistemas.
- Firewall: Configurar un firewall de red para controlar el tráfico entrante y saliente.
- Copias de Seguridad: Realizar copias de seguridad diarias y almacenarlas en una ubicación segura.

Sistema de Autenticación Multifactor:

1. Primera Fase: Ingreso de nombre de usuario y contraseña.
2. Segunda Fase: Envío de un código de verificación al teléfono móvil del usuario.
3. Tercera Fase: Verificación del código ingresado por el usuario.

Política de Seguridad:

- Uso de Contraseñas: Las contraseñas deben tener al menos 12 caracteres, incluir letras mayúsculas, minúsculas, números y símbolos. Se deben cambiar cada 90 días.

- Gestión de Dispositivos: Todos los dispositivos deben tener instalado software antivirus, estar configurados para recibir actualizaciones automáticas y utilizar conexiones VPN para acceder a recursos internos.

- Respuesta a Incidentes de Seguridad: Los empleados deben reportar inmediatamente cualquier incidente de seguridad al departamento de TI. El departamento de TI llevará a cabo una investigación, documentará el incidente y tomará medidas correctivas.

Bibliografía y webgrafía

Libros:

HAMACHER, C., Vranesic, Z., & Zaky, S. (2012). "Computer Organization". McGraw-Hill.

HUNT, A., & Thomas, D. (2019). *The Pragmatic Programmer: Your Journey to Mastery*. Addison-Wesley Professional.

KUROSE, J. F., & Ross, K. W. (2020). *Computer Networking: A Top-Down Approach*. Pearson.

PATTERSON, D. A., & Hennessy, J. L. (2013). "Computer Organization and Design: The Hardware/Software Interface". Morgan Kaufmann.

SILBERSCHATZ, A., Galvin, P. B., & Gagne, G. (2018). *Operating System Concepts*. John Wiley & Sons.

SILBERSCHATZ, A., Korth, H. F., & Sudarshan, S. (2019). *Database System Concepts*. McGraw-Hill.

SIPSER, M. (2013). *Introduction to the Theory of Computation*. Cengage Learning.

STALLINGS, W. (2012). "Computer Organization and Architecture". Pearson.

TANENBAUM, A. S., & Austin, T. (2012). "Structured Computer Organization". Pearson.

Artículos:

ACM DIGITAL LIBRARY. Recursos y publicaciones sobre hardware de sistemas informáticos y nuevas tecnologías.

IEEE COMPUTER SOCIETY. Artículos sobre las últimas investigaciones y desarrollos en hardware y arquitectura de computadoras.

Web:

ANANDTECH. (n.d.). Recuperado de https://www.anandtech.com

ARS TECHNICA. (n.d.). Recuperado de https://www.arstechnica.com

COURSERA. (n.d.). Computer Science Courses. Recuperado de https://www.coursera.org/browse/computer-science.

EDX. (n.d.). Computer Science. Recuperado de https://www.edx.org/learn/computer-science.

GEEKSFORGEEKS. (n.d.). Recuperado de https://www.geeksforgeeks.org/

GITHUB. (n.d.). Recuperado de https://github.com/.

HOW-TO GEEK. (n.d.). Recuperado de https://www.howtogeek.com

KHAN ACADEMY. (n.d.). Computer Science. Recuperado de https://www.khanacademy.org/computing/computer-science.

MOZILLA DEVELOPER NETWORK (MDN). (n.d.). MDN Web Docs. Recuperado de https://developer.mozilla.org/.

STACK OVERFLOW. (n.d.). Recuperado de https://stackoverflow.com/.

TOM'S HARDWARE. (n.d.). Recuperado de https://www.tomshardware.com

TECHRADAR. (n.d.). Recuperado de https://www.techradar.com